Essential Business Spanish

essential
BUSINESS
Spanish

Juan Kattán-Ibarra

series editor • Crispin Geoghegan

Hodder & Stoughton
LONDON SYDNEY AUCKLAND

British Library Cataloguing in Publication Data

Kattán-Ibarra, Juan
Essential Business Spanish. – (Essential Business Phrasebooks Series)
I. Title II. Series
468.3
ISBN 0 340 56478 4

First published 1992

Typeset by Wearset, Boldon, Tyne and Wear
Printed in Great Britain for the educational publishing division of Hodder & Stoughton Ltd, Mill Road, Dunton Green, Sevenoaks, Kent by Clays Ltd, St Ives plc

Contents

The English core to this phrasebook series, the result of several years of work in foreign and British companies, has been designed for the travelling businessman or woman working in or with a foreign company and wishing to use key phrases even if they do not speak the foreign language perfectly.

The book will also be useful for second year students following business or business-related studies involving languages and it will prove a valuable support when they embark on a placement or a first job in a foreign country.

Each section gives a sequence of phrases for use in a certain activity or context. Where the user might want to continue to another, related topic, cross-references indicate other sources of phrases. For ease of use there is some repetition of phrases that could be useful in a number of possible situations.

The collections of phrases in the longer sections can be used as outline 'scripts' when preparing a specific activity (a meeting, a presentation, a telephone call).

The translation of spoken phrases is never easy. The challenge is greater when the writer wishes to offer phrases which can safely be used in a number of contexts. This series adopts an average mid-range spoken translation and avoids an over-relaxed or over-formal style. Business jargon tends to change rapidly and is sometimes restricted to a limited range of companies. There are some exceptions to this use of a 'neutral' tone, examples of which can be found in the sections **Apologies** and **Agreeing** amongst others. Phrases which are not in a neutral tone are marked as 'formal' or 'familiar'. As far as possible we have tried to offer foreign language phrases which the non-linguist will find easiest to use and modify as required, rather than the most 'elegant' and impressive phrases available.

Accepting, aceptar

Ways of Accepting

enthusiastically

That's a good idea!
¡Qué buena idea!

Willingly!
¡Sí, con mucho gusto!

Yes, all right
Sí, está bien

Certainly!
¡Por supuesto! / ¡Desde luego! / ¡Naturalmente!

Yes, why not?
Sí, ¿por qué no?

Fine!
De acuerdo / ¡Cómo no!

gratefully

That's very kind of you
Es usted muy amable

I'd be very grateful if you could / would . . .
Le agradecería mucho que . . .

reluctantly

If you insist
Si insiste

If there is no other alternative
Si no hay otra alternativa

Oh, all right
¡Bueno! / ¡Muy bien! / ¡De acuerdo!

Accidents, accidentes

Emergency Telephone Numbers		Madrid
Teléfonos de emergencia		
Fire	*Bomberos*	080
Ambulance	*Ambulancia*	479 93 61/588 44 30
Police	*Policía*	091

In case of emergency on a toll road, you will be able to telephone R.A.C.E. (Real Automóvil Club de España), the equivalent of the RAC. There are telephones every kilometre.
For Madrid, ring (91) 754 24 68.
For Catalonia (Barcelona), ring (93) 200 33 11.

Asking for Help

Help!
¡Socorro! / ¡Auxilio!

Can you help me?
¿Podría ayudarme? / ¿Me puede ayudar, por favor?

I need help please
Necesito ayuda, por favor

I've just had an accident
He tenido un accidente

Hello, is that . . . (the police)?
¿Es . . . (la policía)?

I've had an accident at . . . on:
He tenido un accidente en . . . en:

- **the N401**
- la N401

- **the Madrid–Toledo highway**
- la carretera que va de Madrid a Toledo

- **the A90 motorway**
- la autopista A90

I'm hurt and I need help
Estoy herido y necesito ayuda

There is somebody injured
Hay un herido

My car / my lorry is badly damaged
Mi coche[1] / mi camión[2] está muy dañado / estropeado

Someone in the other vehicle is hurt
Hay un herido en el otro vehículo

Can you send an ambulance / a police car?
¿Podría enviar una ambulancia / a la policía?

Where can I find a telephone?
¿Dónde puedo encontrar un teléfono? / ¿Hay algún teléfono por aquí?

Can you tell me where I can find a doctor please?
Por favor, ¿podría decirme dónde puedo encontrar un doctor?

[1] In most Latin American countries, you will hear the word *el carro* used for *el coche*. However, *el coche* will be understood everywhere.

[2] In Mexico, *el camión* is also a bus.

Where's the nearest garage?
¿Dónde está el garaje más cercano / más próximo?

Apologising

I'm sorry, are you all right?
Lo siento, ¿está usted bien?

Are you hurt?
¿Está herido/a?

Can I help?
¿Necesita ayuda?

Exchanging Details

> If you intend to drive in Spain, you will need a green card (*la carta verde*) and a bail bond, which guarantees a certain amount of money to the Spanish government should you have an accident. The bail bond will avoid having your car detained by the authorities. You will also need the car's log book and registration, and a GB sticker on the back of the car. An international driving licence is required when driving in Spain at all times. If your current one does not conform with the EC format three part printed document, you can obtain one from the AA or RAC, or request a translation of your licence through any Spanish Consulate.

I'm insured with . . . here is my policy number and the address of the insurance company
Tengo un seguro con . . . Aquí está el número de mi póliza y la dirección de la compañía de seguros

I have a green card, here it is
Tengo la carta verde, aquí está

This is a hire car, it is covered by the hire company's insurance
Este es un coche alquilado. Está cubierto por el seguro de la agencia de alquiler

This is a company car
Este coche es de la empresa

Can you give me the name of your insurers please?
¿Podría darme el nombre de la compañía con que está asegurado/a? / ¿Me da el nombre de la compañía con que está asegurado/a? (*less formal*)

Can you give me your name and address please?
¿Podría darme su nombre y dirección, por favor? / ¿Me da su nombre y dirección, por favor? (*less formal*)

What is your policy number?
¿Cuál es el número de su póliza?

Here is my name and address, my company is Hispania S.A. I'm staying at the Don Pedro hotel
Aquí tiene usted mi nombre y dirección. Trabajo en Hispania sociedad anónima. Estoy en el hotel Don Pedro

Reporting an Accident / Dealing with the Police

I've hit . . . / I've been hit by . . .
He chocado con . . . / Me ha chocado . . .

I've been in collision with . . . / I've collided with . . .
He chocado con . . . / Me ha chocado . . .

I've come to report an accident / I want to report an accident
Vengo a informar acerca de un accidente / Quiero informar acerca de un accidente

The registration number of my car is . . .
El número de matrícula de mi coche es el . . .

Here is my driving licence and my green card
Aquí está mi carné de conducir y mi carta verde

Making New Arrangements

I've been involved in an accident and I will have to change the time of our meeting
He tenido un accidente y tendré que cambiar la hora de nuestra reunión

I'm afraid I won't be able to reach . . . in time for the meeting
Me temo que no podré llegar a . . . a la hora para la reunión

I'm calling to cancel my reservation, as I've had an accident. My name is . . .
Llamo para cancelar mi reserva porque he tenido un accidente. Me llamo . . .

Can you make my apologies for me?
Le ruego presentar mis excusas / Le ruego disculparme con . . . (nombre) / Por favor, discúlpeme con . . . (*less formal*)

I will contact you later
Me pondré en contacto con usted más tarde

See also **Arrangements**

Accounts, contabilidad empresarial

see also Figures, Management Accounts

> Note: This section is intended to give a range of useful basic phrases and a few basic terms. Because of differences in accountancy practice it is not possible to give accurate translations for all terms used in balance sheets. The English given in the balance sheet and profit and loss tables below should be taken as an indication of meaning rather than as an accurate translation.

Some Key Terms

Turnover	la cifra de negocios, la cifra de ventas, el volumen de negocios, la facturación
Net income	la renta neta, el beneficio neto
Investments	las inversiones
Employees	los empleados
Cash flow (pre-tax)	el cash-flow, el flujo bruto de efectivo, el beneficio más amortizaciones
Net cash flow	el flujo neto de efectivo
Working capital	el capital circulante, el fondo de maniobra
Margin	el margen
Payroll	la nómina (de personal)
Profit	los beneficios, las ganancias, las utilidades
Loss	las pérdidas, el resultado negativo

Key Terms in a Spanish Balance Sheet, *el balance*

Activo assets	*Pasivo* liabilities
Activo inmovilizado *fixed assets*	Capital y reservas *capital and reserves*
Material *tangible*	Subvenciones en capital *capital grants*
Inmaterial *intangible*	Previsiones *reserves*
Financiero *investments*	Deudas a plazo largo y medio *medium and long-term debt*
Gastos amortizables *deferred expenses*	Deudas a plazo corto *current liabilities*
Existencias *inventories*	Ajustes por periodificación *accruals*
Deudores *debtors*	Resultados *results*
Cuentas financieras *financial accounts*	
Situaciones transitorias de financiación *items pending*	
Ajustes por periodificación *accruals and prepayments*	
Resultados *results*	

Key Terms in the Spanish Profit and Loss Account, *la cuenta de pérdidas y ganancias / la cuenta de resultados*

Ingresos netos	*net turnover*
Beneficios de explotación	*trading revenue*
Costes de explotación	*operating costs*
Reservas para depreciación	*provision for depreciation*
Resultados de explotación	*trading results*
Productos financieros	*revenue*
Costes financieros	*financial charges*
Beneficios	*profit*
Beneficio antes de impuestos	*current result before tax*
Partidas extraordinarias	*extraordinary items*
Total rendimientos	*total revenue*
Total costes	*total expenditure*
Pérdidas y ganancias	*profit or loss*

Questions and Comments on a Set of Accounts

The profit is low / high at £1.2m
Las ganancias / las utilidades de £1.2m son bajas / altas

The figure:
La cifra:

- **is only . . .**
- es de sólo . . .

- **is high / low at . . . (figure)**
- es alta / baja, de . . . (cifra)

- **has fallen to . . .**
- ha bajado / disminuido a . . .

- **has risen to . . .**
- ha subido / aumentado a . . .

The reason for the figure is . . .
Esta cifra se debe a . . .

Why is the figure for . . .:
¿A qué se debe que la cifra de . . . sea . . .:

- **so low / so high?**
- tan baja / tan alta?

- **only 3,000?**
- de sólo tres mil?

Why is the figure for . . .:
¿A qué se debe que la cifra de . . . esté . . .:

- **decreasing?**
- bajando?

- **increasing?**
- aumentando?

What is the trend?
¿Cuál es la tendencia?

The trend is upwards / downwards / stable
La tendencia es al alza / alcista / a la baja / bajista / estable

What does the entry for 'Proyecto DANA' represent?
¿Qué representa el asiento 'Proyecto DANA'?

Will you be attending the next shareholders meeting?
¿Va a asistir usted a la próxima junta / asamblea de accionistas?

What did you enter . . . under?
¿Dónde ha asentado / registrado usted . . .?

We have used the following accounting policies . . .
Hemos usado las siguientes normas de contabilidad . . .

The figure for . . . includes . . .
La cifra correspondiente a . . . incluye . . .

Our trading year / accounting year finishes on . . .
Nuestro ejercicio / ejercicio contable termina el . . .

The company ceased trading on . . .
La empresa suspendió sus operaciones el . . .

In our country the tax year starts on . . .
En nuestro país el año fiscal empieza el . . .

I see that the book value of your brand names is given as Ptas. 7,840,800; how did you calculate that?
Veo que el valor contable / el valor según libros de sus marcas es de Ptas. 7.840.800; ¿cómo lo calculó?

What is the basis of the calculation for depreciation?
¿En qué se basa el cálculo de la depreciación?

Dividend cover is very good
La cobertura de dividendo es muy buena

Dividend yield is healthy
La rentabilidad del dividendo / la rentabilidad de las acciones es buena

Gearing is high / low
La relación endeudamiento – capital es alta / baja / El nivel de endeudamiento relativo al capital es alto / bajo

Present market capitalisation is Ptas. 62,384,940
El actual valor de mercado del capital emitido es de Ptas. 62.384.940

How is this figure made up?
¿De dónde viene esta cifra? / ¿A qué corresponde esta cifra?

Why is . . . so low / high?
¿Por qué es tan bajo(a) / alto(a) . . .?

Why have you had to make so much provision for bad debts this year?
¿Por qué ha dejado tantas reservas para deudas incobrables este año?

The company appears to be very exposed
La empresa parece estar muy expuesta

Does the figure for . . . include . . .?
¿La cifra correspondiente a . . ., incluye . . .?

What accounting method did you use for . . .?
¿Qué método de contabilidad utilizó usted para . . .?

What do the 'gastos amortizables' represent?
¿Qué representan los gastos amortizables?

The cost of launching the new venture has been calculated at . . . Ptas. and depreciated over a period of 5 years
El coste del lanzamiento de la nueva empresa se ha calculado en . . . pesetas, con una amortización a cinco años

The operating profit has increased less than the operating costs
El beneficio de explotación / el beneficio operativo ha aumentado menos que el coste de operación

Advising, aconsejar, dar consejos

Advising Someone to do Something

I think you should go and see . . .
Creo que debería ir a ver a . . .

If I were you I would try to . . .
Yo que usted trataría de . . .

I think you should contact . . .
Creo que debería ponerse en contacto con . . .

Yes, I think it would be a good idea if you could . . .
Sí, creo que sería una buena idea si usted pudiera . . .

In your place I'd write to . . .
Yo que usted escribiría a . . .

I would advise you to postpone it . . .
Le aconsejo que lo aplace

You'd better talk to him
Es mejor que hable con él

You'd be better off speaking to . . . about it
Será mejor que hable con . . . sobre eso

I'd suggest that you try . . . (the central agency)
Le sugiero que intente con . . . (la oficina central)

I think that you must make a formal report
Creo que debe presentar un informe formal

I think that you're obliged to . . .
Creo que está obligado a . . .

I think that you have no alternative
Creo que no tiene otra alternativa

Have you tried telephoning / writing to . . .?
¿Ha intentado telefonear / escribir a . . .?

Advising Against

Oh no, you mustn't do that!
¡Oh no, no debe hacer eso!

No, I wouldn't do that if I were you
No, yo que usted no haría eso

I don't think that would be a good idea
No creo que sea una buena idea

I don't think that that would be advisable
No creo que sea aconsejable

Agreeing, Approving, estar de acuerdo, aprobar

Yes, I agree
Sí, estoy de acuerdo

You're right
Tiene usted razón

You're absolutely right
Tiene usted toda la razón

That's what I think too
Eso es lo que yo pienso también

Exactly
¡Exacto! / Precisamente

Absolutely
¡Perfectamente! / ¡Eso es!

Exactly right / That's it exactly
Exacto / Así es exactamente

Yes, that's the situation
Sí, así es / Eso es

I suppose you must be right
Supongo que usted tiene razón

Yes, that's a good idea
Sí, es una buena idea

I'll support you on that
Yo le apoyo

I couldn't agree more
Estoy completamente de acuerdo con usted

I think that we're basically in agreement
En el fondo, creo que estamos de acuerdo

Agreeing to Something (Permission)

Yes, all right
Sí, está bien

If you must
Si no tiene más remedio / Si no tiene otra alternativa

Fine!
De acuerdo

Do that
Hágalo

If you think that's the best solution
Si usted cree que ésa es la mejor solución

Yes, I think you should do that
Sí, creo que usted debería hacerlo

Yes, you can
Sí, cómo no

I agree
Estoy de acuerdo

That'll be fine
Está bien

Please do
¡Cómo no! / Sí, por supuesto

Go ahead
¡Adelante! / ¡Cómo no! / Sí, hágalo

No, I don't mind
No, no me importa

Alternatives, alternativas

see also Negotiations

Offering Alternatives

Would you prefer . . . instead of . . .?
¿Preferiría . . . en lugar de . . .?

Perhaps you would like to . . . instead?
¿Quizá(s) más bien prefiera . . .?

Would it be better to . . . or to . . .?
¿Sería mejor . . . o . . .?

There are only two possibilities, one is to . . . the other is to . . .
Hay dos posibilidades solamente: una es . . . y la otra es . . .

Which of the alternatives would you prefer?
¿Cuál de las alternativas prefiere?

Would you like to . . . or . . .?
¿Le gustaría . . . o . . .?

Should we . . . (or should we . . .)?
¿Qué cree usted que deberíamos hacer . . . (o . . .)?

Another solution would be to . . .
Otra solución sería . . .

We have to choose between . . . and . . .
Tenemos que escoger entre . . . y . . .

There are a number of options
Hay varias alternativas

Apologising, disculparse, pedir disculpas

see also Complaining

General Apologies

I'm sorry / I'm sorry I'm late
Lo siento / Siento llegar tarde

Sorry about that
Lo siento

My mistake, sorry
Es culpa mía, lo siento

I do apologise
Le ruego me disculpe *(very formal)*

I'm very sorry
Lo siento mucho

I hope you will accept my apologies
Le ruego que acepte mis disculpas *(very formal)*

It was my fault, I'm sorry
Fue culpa mía, lo siento

I can assure you it won't happen again
Le aseguro que no volverá a suceder

I must apologise for the mistake
Permítame disculparme por la equivocación

I'm extremely sorry
Lo siento muchísimo

Apologising to a Customer

The mistake was on our side and we apologise
La equivocación fue nuestra, por favor discúlpenos

I must apologise for the delay, there were problems
Le ruego disculpar mi retraso, hubo algunos problemas

I'm sorry it's taken so long
Siento que haya tomado tanto tiempo

I can assure you that it's the first time this has happened
Le aseguro que es la primera vez que esto sucede

We are doing everything we can to solve the problem
Estamos haciendo todo lo posible por resolver el problema

We are looking into your complaint
Estamos investigando su queja

We are afraid that we can't accept liability for damage during transport
Me temo que no podemos aceptar responsabilidad por daños durante el transporte

. . . but we've referred your complaint to the transport company
. . . pero hemos remitido su queja a la empresa de transportes

We have arranged for an immediate replacement of the goods you ordered
Hemos ordenado la reposición inmediata de las mercancías / mercaderías que pidieron

We have arranged for the goods you did order to be sent to you immediately
Hemos ordenado que les envíen inmediatamente las mercancías que pidieron

I have asked our Sales Engineer to call in to discuss the problem as soon as possible; she will be contacting you shortly
Le he pedido a nuestra técnico de ventas que venga para discutir el problema lo antes posible; ella se pondrá en contacto con usted muy pronto

We would like to offer to replace the goods / to repair the machine free of charge
Nos gustaría ofrecerle la reposición de las mercancías / reparación de la máquina libre de gastos

I'm afraid that the problem lies with the transporter and we have contacted them on your behalf
Me temo que el problema tiene que ver con el transportista y nos hemos puesto en contacto con ellos en nombre suyo

I'm sorry for any inconvenience this may have caused
Lamento los inconvenientes que esto pueda haber causado

I hope you will understand that we are doing our best to rectify the situation
Espero que comprenda que estamos haciendo todo lo posible para rectificar esta situación

It won't happen again
No volverá a suceder

Please accept my apologies on behalf of the company
Le ruego que acepte mis excusas en nombre de la empresa *(very formal)*

We are proud of our service / the quality of our products and are very sorry that this has happened
Estamos orgullosos de nuestro servicio / la calidad de nuestros productos y sentimos mucho que esto haya sucedido

We are continually improving the quality of . . . and are very grateful that you brought this to our notice
Estamos mejorando constantemente la calidad de . . . y le agradecemos mucho que nos haya puesto en conocimiento de esto

We are sorry that you are not satisfied
Lamentamos mucho que no esté satisfecho(a)

If you *do* have any further problems, contact me at once; I shall deal with them personally. My name is Helen Sewill
Si tiene cualquier otro problema, póngase en contacto conmigo de inmediato; me preocuparé personalmente de ello. Me llamo Helen Sewill

Accepting an Apology

It doesn't matter
No importa

Don't mention it
No es nada

That's OK
Está bien / ¡Vale![1] *(informal)*

[1] *¡Vale!*, used mainly in Spain, is a colloquial word which has several meanings: 'that's right!', 'O.K.!', 'that'll do!', 'that's enough!' As a question, *¿vale?*, it translates into English as: 'is that all right?', 'will that do?', 'how about that?' Although its use has become widespread, it is advisable to avoid it in formal situations.

I quite understand
Comprendo perfectamente

Don't worry about it
No se preocupe por eso

In the circumstances I am prepared to accept your apology
Dadas las circunstancias, estoy dispuesto a aceptar sus excusas *(very formal)*

Please don't let it happen again
Por favor, que no vuelva a suceder

I don't think that's good enough
Eso no me basta

Appointments, citas, entrevistas

see also Arrangements, Meetings, Telephoning

Making the Appointment

over the phone

Good morning / afternoon, this is Mr . . . from XYZ Plc, could I speak to Mr . . . please?
Buenos días / buenas tardes, soy . . . de . . ., ¿podría hablar con el señor . . ., por favor?

I wish to make an appointment with Ms . . .
Quisiera concertar una cita / una entrevista con la señora . . .

Mr / Ms . . . wrote to me recently about . . ., now I'd like to make an appointment with him / her to discuss the matter in more detail
El Sr / La Sra . . . me escribió recientemente acerca de . . . Ahora me gustaría concertar una cita con él / ella para hablar sobre este asunto en más detalle

I met Ms . . . at . . . some time ago and she suggested that I meet her next time I was in . . .
Conocí a la señora . . . en . . . hace algún tiempo y me sugirió que me pusiera en contacto con ella la próxima vez que yo estuviese en . . .

Can you hold please, I'll look at his / her diary
No cuelgue por favor, miraré en su agenda

Can you hold please, I'll see when they're free
No cuelgue por favor, veré cuándo están libres

He's free on Tuesday 6 December at 2 pm. Would that be suitable?
Está libre el martes seis de diciembre a las dos de la tarde. ¿Le conviene esa hora?

Do you know where I could contact him?
¿Sabe usted dónde podría ponerme en contacto con él?

Is he on a mobile phone? Has he got a car phone?
¿Tiene teléfono móvil donde pueda llamarle? ¿Tiene teléfono en su coche?

with the client

I was interested to read / see . . . and would like to discuss it in further detail with you
He leído / visto . . . y estoy interesado. Me gustaría hablar con usted en más detalle sobre eso

My company is very active in . . . (distribution) and I believe it would be mutually beneficial for us to meet
Mi empresa participa activamente en . . . (distribución) y creo que sería beneficioso para los dos si nos encontráramos

I have a new product which I think will be of interest to you
Tengo un nuevo producto que creo le va a interesar

Would you have any free time on . . .?
¿Estaría libre usted el . . .?

When would be a suitable time to come and see you?
¿Cuando sería conveniente para usted que yo pasara a verle?

Where do you suggest we meet?
¿Dónde sugiere usted que nos reunamos?

I have a pretty full diary for that date but I could meet you on the . . . at . . .
Estoy bastante ocupado en esa fecha, pero podría verle el . . . a las . . .

Can I suggest that we meet on . . . at . . .?
¿Qué le parece que nos reunamos / veamos el . . . a las . . .?

Could you come to my hotel?
¿Podría usted venir a mi hotel?

It would be best if we met at . . .
Sería mejor que nos reuniéramos / viéramos en . . .

I'll fax through a location map to help you find us
Le enviaré un plano del lugar por fax para que vea dónde estamos

Shall we say the 3 November at 10 am at my office?
¿Qué le parece el tres de noviembre a las diez de la mañana en mi despacho?

Would you like to discuss it over lunch / a drink?
¿Qué le parece que almorcemos juntos / tomemos una copa y lo discutamos?

Cancelling an Appointment

the original appointment

I'd arranged to meet you on 6 June at 3 pm
Yo tenía una cita con usted el día seis de junio a las quince horas

Ms T . . . is expecting me at 11 o'clock
La señora T . . . me espera a las once

I expected to be in Paris on 6 June
Yo debía estar en Paris el seis de junio

the apology

Unfortunately, I'm going to have to cancel our appointment
Desgraciadamente, voy a tener que suspender / cancelar nuestra cita

I'm afraid that won't be possible
Me temo que no será posible

I'm sorry that we won't be able to meet as arranged
Me temo que no podremos reunirnos / vernos como habíamos acordado

I'm sorry that I won't be able to keep our appointment
Lo siento, pero no podré acudir a la cita

the reason

I'm afraid I won't be free then
Me temo que no estaré libre entonces

I've had to cancel all my appointments to deal with an important matter at the factory / office
He tenido que cancelar todas mis citas para ocuparme de un asunto importante en la fábrica / oficina

Mr / Ms X is ill / has had an accident and will not be fit to travel for some time
El señor / la señora / la señorita X está enferma / ha tenido un accidente y no podrá viajar durante algún tiempo

My car has broken down
Mi coche se ha averiado

My flight has been delayed
Mi vuelo se ha retrasado

I don't expect to arrive in Madrid until 2 pm
No creo que llegue a Madrid hasta las dos de la tarde

I've had an accident and will be delayed / and I won't be able to get to Madrid for the appointment
He tenido un accidente y me retrasaré / y no podré llegar a Madrid para la cita

Changing an appointment

We had originally agreed to meet in your office on . . .
Habíamos acordado reunirnos en su oficina el . . .

Recently I wrote to you confirming an appointment on . . .
Hace poco le escribí confirmando una cita para el . . .

I'm afraid I won't be able to meet you then
Me temo que no podré verle / reunirme con usted entonces

Would it be possible to change the appointment to 5 January?
¿Sería posible cambiar la cita para el cinco de enero?

Could we put off our meeting to a later date?
¿Podríamos aplazar nuestro encuentro para una fecha posterior?

I wondered whether Mr / Mrs / Miss . . . would be free on 5 January instead of the 2nd?
¿Estará libre el señor / la señora / la señorita . . . el cinco de enero en lugar del dos?

I do apologise / I'm sorry about this
Le ruego me disculpe *(very formal)* / Discúlpeme / Lo siento

Confirming an Appointment

I'm calling to confirm my appointment with Ms Miranda
Llamo para confirmar mi cita con la señora Miranda

I just wanted to confirm the date / time of our meeting
Sólo quería confirmar la fecha / hora de nuestra cita / reunión

Will you confirm by letter / fax?
¿Podría enviarme una carta / un fax con la confirmación?

Could you give my secretary a ring to confirm the appointment / meeting?
¿Podría usted telefonear a mi secretaria para confirmar la cita / la reunión?

I will give your secretary a ring to confirm the date and time of the meeting
Telefonearé a su secretaria para confirmar la fecha y la hora de la reunión

So that's the 15 February at your office in Barcelona
Entonces, quedamos el quince de febrero en su oficina en Barcelona

I look forward to meeting you then
Tendré mucho gusto en verlo(la) entonces

Until the 14th then, goodbye
Hasta el catorce entonces, adiós

Arriving for an Appointment

Good morning / afternoon, my name is Peters
Buenos días / Buenas tardes, me llamo Peters

I have an appointment with . . . at . . .
Tengo una cita con . . . a las . . .

Good morning / afternoon; Mr / Ms / Miss Fernández is expecting me
Buenos días / Buenas tardes; el señor / la señora / la señorita Fernández me espera

Could you tell me where I could find Mr / Ms / Miss Fernández? I have an appointment with him / her at . . .
¿Podría decirme dónde puedo encontrar al señor / a la señora / a la señorita Fernández? Tengo una cita con él / ella a las . . .

See also **Directions, Introductions, Meeting Visitors**

Good morning / afternoon, you must be Mr / Ms / Miss Fernández. I'm Mike Soames, we spoke on the phone some time ago
Buenos días / Buenas tardes, usted debe de ser el señor / la señora / la señorita Fernández. Yo soy Mike Soames, hablamos por teléfono hace algún tiempo

Am I speaking to Mr Fernández?
¿Es usted el señor Fernández?

Good morning / afternoon . . . I'm glad we were able to meet
Buenos días / Buenas tardes (señor, señora . . .), me alegro de que hayamos podido reunirnos / vernos

I'm pleased to meet you Mr / Ms / Miss . . .
Encantado de conocerlo señor . . . / conocerla señora / señorita . . .

Mike Soames, from General Logistics
Soy Mike Soames, de General Logistics

How do you do?
Mucho gusto or encantado(a)[1]

excuses

I'm sorry I'm a little late
Siento haber llegado un poco tarde

. . . the traffic was heavy
. . . había mucho tráfico

. . . I had trouble finding you
. . . me fue difícil encontrarle

. . . my flight was delayed
. . . mi vuelo se retrasó

. . . I had an accident
. . . tuve un accidente

. . . my car broke down
. . . mi coche se averió

[1] Use *encantado* if you are a man and *encantada* if you are a woman.

Arranging a Further Appointment

It would be worthwhile meeting in a few months
Merece la pena que nos reunamos dentro de unos meses

Perhaps we could fix a date for another meeting now?
¿Tal vez podríamos fijar ahora mismo una fecha para otra reunión?

Leaving

I think our meeting was very worthwhile / profitable
Creo que nuestra entrevista / reunión mereció la pena / fue beneficiosa

Thank you for sparing me some time
Gracias por su tiempo

I'll send you a letter confirming the points we discussed
Le enviaré una carta confirmando los puntos que discutimos

I look forward to meeting you again
Espero verlo(la) otra vez

Following Up after an Appointment

Hello Mr / Ms X, this is Richard Gill, did you have a good trip back?
Buenos días / Buenas tardes señor / señora X, soy Richard Gill, ¿qué tal su viaje?

I just wanted to thank you for sparing me some time the other day
Quería agradecerle por dedicarme su tiempo el otro día

I just wanted to let you know that I have the information / documents we discussed, I will be sending them to you today
Quería decirle que tengo la información / los documentos de que hablamos, se los enviaré hoy

I'm looking into the points we discussed and I hope to be able to let you have some information shortly
Estoy examinando los puntos que discutimos y espero poder darle alguna información dentro de poco

I found your ideas very interesting
Encontré muy interesantes sus ideas

I'll contact you again when I have more information
Me pondré en contacto con usted otra vez cuando tenga más información

Arrangements, Plans, planes

see also Appointments, Booking, Hotels, Meetings, Travel

Making Arrangements

I plan to . . .
Pienso . . .

We intend to . . .
Pensamos . . .

We are making arrangements for a meeting on the 12th
Estamos planeando una reunión para el doce

I'd like to arrange for a delivery to . . .
Quisiera disponer una entrega a . . .

Modifying Arrangements

Can I change the arrangements for . . .?
¿Puedo cambiar los planes para . . .?

I'd like to modify the arrangements for . . .
Me gustaría modificar los planes para . . .

I'm going to have to change the arrangements for . . .
Voy a tener que cambiar los planes para . . .

It would be easier for me if . . .
Para mí sería más fácil si . . .

Would you like to change the arrangements?
¿Quiere usted cambiar los planes?

I was scheduled to . . .
Tenía proyectado . . .

Do you mind if we put off the date of the meeting?
¿Le importa si aplazamos la fecha de la reunión?

I want to postpone the meeting we'd arranged
Quisiera aplazar la reunión que habíamos planeado

Can we cancel the meeting we'd arranged for . . .?
¿Podríamos cancelar la reunión que teníamos para . . .?

I'm afraid I've had to put off my trip to . . . (place)
Me temo que he tenido que aplazar mi viaje a . . . (lugar)

I'd prefer to . . .
Preferiría . . .

Cancelling Arrangements

I'm afraid I'll have to cancel our plans
Me temo que tendré que cancelar nuestros planes

We'll have to drop the plan / the arrangements
Tendremos que abandonar el plan / el proyecto

We won't be able to meet as planned
No podremos reunirnos / vernos como habíamos planeado

Confirming Arrangements

Can I just confirm the arrangements for . . .
Quisiera confirmar los planes para . . .

I would like to check the plans for . . .
Me gustaría revisar los planes para . . .

Can you confirm that the arrangements still stand?
¿Podría usted confirmar si los planes todavía se mantienen?

Is everything all right for our meeting on the 12th?
¿Está todo en regla para nuestra reunión del doce?

Are you going ahead with the visit to . . . as planned?
¿Va a realizar usted la visita a . . . como se planeó?

Is the meeting still going to take place as arranged?
¿Se va a realizar la reunión como estaba proyectado?

Will I still be able to see you at the trade fair on the 12th?
¿Podré verlo(la) en la feria de muestras tal como habíamos proyectado?

Banks, bancos

see also Figures, Numbers

Personal Banking

Could I see the manager please?
¿Podría hablar con el director / la directora, por favor?

I would like to open an account, can you give me a form please?
Quisiera abrir una cuenta. ¿Puede darme un formulario, por favor?

Here is proof of my identity (and my address)
Aquí tiene usted mi documento de identidad (y mi dirección)

I will be receiving regular credit transfers from . . . (my account in England)
Recibiré transferencias bancarias regularmente desde . . . (mi cuenta en Inglaterra)

I wish to deposit . . . to open an account
Quisiera depositar[1] . . . para abrir una cuenta

What is the number of my account? And the code number of this branch?
¿Cuál es el número de mi cuenta y el número de código de esta sucursal?

Do you have a list of addresses of your other branches please?
¿Tiene una lista de direcciones de sus otras sucursales, por favor?

[1] I have chosen the more standard word *depositar* for 'deposit', although in many parts of Spain you are more likely to hear the word *ingresar*.

Do you have a branch in . . .?
¿Tienen ustedes una sucursal en . . .?

Do you have the addresses of your cash dispensers in Spain please?
¿Tiene usted las direcciones de sus cajeros automáticos en España, por favor?

I wish to transfer some money from this account to my account in Britain
Quisiera transferir dinero desde esta cuenta a mi cuenta en Gran Bretaña

I've arranged for some money to be transferred to my account here from my account in Britain
He pedido que transfieran dinero a mi cuenta aquí desde mi cuenta en Gran Bretaña

Can you tell me whether it has arrived yet please?
¿Podría decirme si ya ha llegado?

I'd like to order a new cheque book please
Quisiera pedir un nuevo talonario de cheques, por favor

Can I have the balance of my account please?
¿Podría darme el saldo de mi cuenta, por favor?

Can I have a statement please?
¿Podría darme el extracto de mi cuenta, por favor?

I would like to withdraw some money please
Quisiera retirar / sacar dinero, por favor

I would like to transfer some money
Quisiera transferir dinero

Can I cash this cheque please?
¿Puedo cobrar este cheque[1], por favor?

My account number is . . .
Mi número de cuenta es . . .
See also **Figures**

It's in the name of . . .
Está a nombre de . . .

I'd like the money in small / large denomination notes
Quisiera el dinero en billetes de 1000 / 5000 / 10.000 pesetas

Can you give me some coins as well please?
¿Puede darme algunas monedas también, por favor?

I'd like to order some traveller's cheques please
Quisiera encargar unos cheques de viajero, por favor

How long will it be before my cheque book is ready?
¿Cuándo estará listo mi talonario de cheques?

I'd like to change some pounds please, what is the rate today?
Quisiera cambiar algunas libras, por favor. ¿A cómo está el cambio hoy[2]?

[1] Although Spanish banks have now adopted the word *el cheque* to refer to a cheque, many people continue using the old word *el talón*.

[2] 'Rate of exchange' translates literally as *el tipo de cambio*, but colloquially people normally refer to it as *el cambio*.

Business Banking

I expect to be in this area for some weeks and want to arrange for money to be transferred here for me
Espero estar por aquí algunas semanas y quisiera pedir que me transfieran dinero aquí

My company is setting up a distribution centre in the region and I want to arrange for a company account to be held here
Mi empresa va a abrir un centro de distribución en esta región y quisiera abrir una cuenta aquí en nombre de la empresa

We will be transferring money from our headquarters in Blackpool regularly
Vamos a transferir dinero regularmente desde nuestra oficina central en Blackpool

Cheques will be signed by our local manager and by our accountant. I have specimen signatures
Los cheques serán firmados por nuestro gerente local y por nuestro contable[1]. Tengo muestras de las firmas

[1] In Latin America, *el contador*.

Booking, reservar, hacer una reserva

see also Appointments, Arrangements, Exhibitions, Hotels, Restaurants, Travel

Booking a Room for a Conference / a Meeting

Do you have a conference room free on . . .?
¿Tiene usted una sala de conferencias disponible para el . . .?

How many people does your conference room seat?
¿Qué capacidad tiene su sala de conferencias?

Would you have a room suitable for a meeting?
¿Tiene usted una sala apropiada para una reunión?

We'd need the room for the whole day
Necesitamos la sala para todo el día

We'd require the room from 5 pm to 10 pm
Necesitamos la sala desde las diecisiete hasta las veintidós horas

What facilities does your conference centre provide?
¿Con qué servicios cuenta su centro de conferencias?

Can you provide tea / coffee and soft drinks for 30 delegates?
¿Pueden ustedes suministrar té / café y bebidas no alcohólicas para 30 delegados?

We'd require an OHP and a flipchart
Necesitaríamos un retroproyector y un tablero de hojas / un rotafolio

Do you have a video player and a monitor?
¿Tienen ustedes un vídeo (grabador) y un monitor?

We'd also require a light lunch / buffet for 19 at about 1 pm
También necesitamos un almuerzo ligero / un buffet para diecinueve personas a la una

What would the total charge for the room be?
¿Cuál sería el precio total de la sala?

Does the charge include refreshments?
¿El precio incluye refrescos?

What would the charge for the room be per head?
¿Cuál sería el precio de la sala por persona?

Booking a Table in a Restaurant

Are you open on Mondays?
¿Abren ustedes los lunes?

The reservation would be for lunch on the 23 June
La reserva sería para el almuerzo[1], para el veintitrés de junio

I'd like to reserve a table for 4 people for the evening of 23 June please
Por favor, quisiera reservar una mesa para cuatro personas para la noche del veintitrés de junio

We'd be arriving at about . . . (9 pm)
Llegaremos sobre las . . . (nueve de la noche)

[1] In some parts of Spain people refer to 'lunch' as *la comida*. In Catalonia, however, *el almuerzo* is a light snack taken before lunchtime.

The name is . . .
Me llamo . . .

I'll spell it for you
Se lo voy a deletrear
See also **Restaurants**

Booking a Hotel

Is that the Plaza Hotel?
¿Es el Hotel Plaza?

I'd like to book a room
Quisiera reservar una habitación[1]

Have you any rooms free on the 4 July?
¿Tienen habitaciones libres para el cuatro de julio?

What are your rates?
¿Cuánto cuestan?

I'd like a room with double bed and bath
Quisiera una habitación con cama doble[2] y con baño

The booking would be for 3 nights from 23 to 25 October
La reserva sería para tres noches, desde el veintitrés hasta el veinticinco de octubre

I'd prefer a room with a shower
Prefiero una habitación con ducha[3]

[1] Although *la habitación* will be understood in all Spanish-speaking countries, in some parts of Latin America you will hear the words *la pieza* (e.g. Chile, Argentina) or *la recámara* (Mexico).

[2] *La cama doble* will be understood by all Spanish speakers; however, in Spain you may hear the phrase *la cama de matrimonio*.

[3] For those travelling in Mexico, the word for 'shower' in this country is *la regadera*.

The booking is in the name of . . .
La reserva es en nombre de . . .

I'll be arriving late, about 11 pm
Llegaré tarde, a eso de las once de la noche

Will you hold the reservation please?
¿Me mantiene la reserva, por favor?

I'll fax you / telex you confirmation today
Hoy le enviaré un fax / un télex con la confirmación

Can you give me your fax number / your telex number please?
¿Podría darme su número de fax / télex por favor?
See also **Hotels**

Booking a Taxi

I'd like to book a taxi please
Quisiera conseguir un taxi, por favor

Can you book me a taxi, please?
¿Puede conseguirme un taxi, por favor?

I need a taxi at 5 pm please / at once please
Necesito un taxi para las cinco de la tarde / ahora mismo, por favor

It's to take me to the airport at . . . (place)
Es para ir al aeropuerto de . . . (lugar)

The name is . . .
Me llamo . . .

I'm at the Real Hotel
Estoy en el Hotel Real

I'll want picking up at 6 pm
Quiero que me recoja a las seis de la tarde

Can you pick me up at 9 am please?
¿Puede recogerme a las nueve de la mañana, por favor?

Booking Theatre, Concert Seats

Do you have any seats left for . . .?
¿Le quedan entradas para . . .?

I'd like to book a seat / seats for the show / the concert on the . . .
Quisiera reservar una entrada / entradas para la función / el concierto del . . .

What seats are available?
¿Qué localidades[1] tiene?

Can you show me where they are on the plan?
¿Puede mostrarme dónde están?

How much are they?
¿Cuánto cuestan?

I'd like to book two please
Quisiera reservar dos, por favor

Do you accept payment by credit card?
¿Puedo pagar con tarjeta de crédito?

Which cards do you accept?
¿Qué tarjetas acepta?

[1] *La localidad* refers to the actual seat or place where you are going to sit, while *la entrada*, a much more frequent word, stands for 'ticket'.

Can you put it on my bill please?
¿Puede ponerlo en mi cuenta, por favor?

Booking Seats on a Flight, on a Train

See **Travel**

Modifying a Booking

I'd like to change the booking I'd made for the 20 March
Quisiera cambiar la reserva que había hecho para el veinte de marzo

The booking was made in the name of . . .
La reserva se hizo en nombre de . . .

Could I change the booking to (5 pm on the 7 May)?
¿Podría cambiar la reserva para (las cinco de la tarde del día siete de mayo)?

We'll be arriving earlier than planned
Llegaremos antes de lo que pensábamos

There will be 6 of us instead of 4
Seremos seis en lugar de cuatro

We'll require the room for the whole day instead of just the morning
Necesitaremos la sala para todo el día en lugar de sólo la mañana

I'd like a double room instead of a single
Quisiera una habitación doble en lugar de una individual

I'd like a taxi at 4 pm instead of 3 pm
Quisiera un taxi para las cuatro de la tarde en lugar de las tres

Cancelling a Booking

I'm afraid I'll have to cancel the booking I made for . . .
Lo siento, pero tendré que anular / cancelar la reserva que hice para . . .

Can you cancel the booking I made for . . .?
¿Podría anular la reserva que hice para . . .?
See also **Cancelling**

Confirming a Booking

I want to confirm the booking I made for . . .
Quisiera confirmar la reserva que hice para . . .

I'm just checking that you have a booking in the name of . . .
Quiero verificar si tiene una reserva en nombre de . . .

Cancelling, anular, suspender, cancelar

see also Appointments, Arrangements, Booking, Hotels, Meetings, Restaurants, Travel

Cancelling

I want to cancel my appointment with Mr García
Quiero cancelar / anular mi cita con el señor García

I'm ringing to cancel the room I booked for . . .
Llamo para cancelar / anular la reserva de habitación que hice para . . .

I want to cancel the seat I booked on flight number . . .
Quiero cancelar / anular la reserva que hice para el vuelo número . . .

I'm afraid I must cancel . . .
Me temo que tengo que cancelar / anular . . .

I want to cancel the taxi I booked for . . .
Quiero cancelar / anular la reserva de taxi que hice para . . .

Can I cancel the table I booked for this evening?
¿Puedo cancelar / anular la reserva de mesa que hice para esta noche?

I'm afraid I have to cancel our meeting / appointment
Lo siento, pero tendré que suspender nuestra reunión / cita

- **Something has come up**
- Ha surgido un imprevisto

- **I'm ill / I've had an accident**
- Estoy enfermo(a) / He tenido un accidente

Do you mind if I cancel our meeting?
¿Le importaría si suspendemos nuestra reunión?

Complaining, quejarse, reclamar, una queja, una reclamación

see also Hotels, Restaurants

General Complaints

I want to make a complaint
Quiero quejarme

I want to see the manager, I have a complaint to make
Quiero ver al gerente, tengo que hacer una reclamación

I'm not satisfied with . . .
No estoy satisfecho con . . .

This is not good enough
Eso no basta

I think you owe me an apology
Creo que debería disculparse

I want a refund
Quiero la devolución del dinero

Complaining about an Order / a Delivery

I have a complaint about the recent delivery we had from you
Tengo una queja acerca de una entrega que nos hicieron recientemente

We have a problem with order number 4849 / E5
Tenemos un problema con el pedido número 4849 / E5

We've only received part of the order
Sólo hemos recibido una parte del pedido

We have been sent . . . in error
Han cometido una equivocación / Se han equivocado y nos han enviado . . .

The colour is wrong
El color no es el que pedimos

There are some items missing from the order
En el pedido faltan algunos artículos

The contents of some of the boxes is damaged
El contenido de algunas cajas está dañado

We wondered why we hadn't received the goods we ordered yet
Queremos saber por qué no nos han enviado aún las mercancías / mercaderías que pedimos

Do you think you can sort the problem out?
¿Cree usted que puede resolver el problema?

How long will it take to sort out the problem?
¿Cuánto tardará en resolver el problema?

We're very disapointed with the performance of the machines you sold us recently
Estamos muy descontentos con el funcionamiento de las máquinas que nos vendieron recientemente

I'm telephoning to cancel our order (number 5574/tr), I will fax a letter in confirmation
Llamo para anular nuestro pedido (número 5574/tr). Le enviaré una carta por fax con la confirmación

Computers, el ordenador, la computadora, el computador

see also Descriptions

General – Asking Questions about Computers

What size RAM does this machine have?
¿Qué RAM (memoria de acceso directo) tiene esta máquina?

What is the capacity of the hard disc?
¿Qué capacidad tiene el disco duro / rígido?

Do you know how to use this system?
¿Sabe usted cómo utilizar este sistema?

What type of floppy disc do you use?
¿Qué tipo de disquete / disco flexible utiliza usted?

Do you have a modem?
¿Tiene usted un modem (modulador–demodulador)?

Can I fax directly from your computer?
¿Puedo enviar un fax directamente desde su ordenador?

Do you have electronic mail?
¿Tiene usted correo electrónico?

Are you linked to Transpac?
¿Está usted conectado / abonado (*if there is a fee*) a Transpac?

Do you have access to Transpac?
¿Tiene usted acceso a Transpac?

Do you have a group IV fax machine?
¿Tiene usted fax del grupo cuatro?

Can you send us the data? What is your baud rate?
¿Puede enviarnos los datos? ¿A qué velocidad transmite?

Does your system run on MS / DOS?
¿Funciona su sistema con el MSDOS?

Is the system IBM compatible?
¿El sistema es compatible con el IBM?

Do you have a laser printer?
¿Tiene usted una impresora láser?

Can I send you the details on disc?
¿Puedo enviarle los detalles en un disquete?

What software do you use?
¿Qué programa / software utiliza?

Are you networked?
¿Está conectado en red?

Do you have a scanner or CD ROM storage?
¿Tiene usted digitalizador / escáner / explorador o ROM en CD?

Describing the System

general

All our machines are networked
Todas nuestras máquinas están conectadas en red

We have an ethernet
Tenemos una ethernet

There is a token ring network on the first floor
Tenemos una red token ring en el primer piso

This site has a LAN network
Esta oficina tiene una red local

The computers are linked to a laser printer / an ink jet printer on each floor
Las computadoras / los ordenadores están conectadas(os) a una impresora láser / una impresora de chorro de tinta en cada piso

There is a dot matrix printer for internal use
Hay una impresora matricial para uso interno

We transmit data via modem
Transmitimos los datos por modem

We hope to be linked to our company network soon
Esperamos estar conectados pronto a la red de nuestra empresa

Each workstation has a colour screen
Cada estación de trabajo tiene un monitor / una pantalla en color

Access to the central database is controlled by different levels of password
El acceso a la base de datos central se controla mediante diferentes niveles de contraseñas

All sales intelligence / client records / are stored centrally
Toda la información relativa a ventas está almacenada / Todos los registros de los clientes están almacenados en la unidad central

We chose the UNIX environment
Hemos escogido el entorno UNIX

Its an open system
Es un sistema abierto

We now use CD ROM storage for financial records
Los registros de finanzas los archivamos en ROM CD

Our software was designed specially for us
Nuestro programa / software fue diseñado especialmente para nosotros

some detail

Each printer is used by six workstations
Cada impresora la utilizan seis estaciones de trabajo

We use external hard discs
Utilizamos discos duros externos

Every executive uses the word processing software as well as the spreadsheet programme
Todos los ejecutivos utilizan el tratamiento de textos así como la hoja electrónica (de cálculo)

The system is supplied with a mouse
El sistema se suministra con un ratón

Files are backed up on tape storage every evening
Todas las noches se hace una copia de seguridad en cintas

We use computer assisted design in the laboratories
En los laboratorios utilizamos el diseño asistido por ordenador (CAD)

We use a DTP system for new product information
Usamos un sistema de Autoedición para la información sobre nuevos productos

Using a Computer

How do I open the sales files?
¿Cómo abro los ficheros de ventas?

How do I access the data?
¿Cómo accedo a los datos? / ¿Cómo entro en los datos?

How do I reformat?
¿Cómo puedo volver a formatear?

What is the password?
¿Cuál es la contraseña?

What are the commands for cut and paste?
¿Cuáles son los mandatos / las órdenes para cortar e insertar?

Can you make a hard copy of the report?
¿Puede usted hacer una copia impresa del informe? / ¿Puede imprimir el informe?

Can I print out the file on last month's sales?
¿Puedo imprimir el fichero de las ventas del mes pasado?

What software do you use?
¿Qué software / programa utiliza usted?

What is the operating system?
¿Qué sistema operativo utiliza? / ¿Cuál es el sistema operativo?

How do I shut down the computer?
¿Cómo apago el ordenador / la computadora?

Congratulations, felicidades, enhorabuena

Well done!
¡Bravo! / ¡Muy bien! / ¡Estupendo! / ¡Magnífico!

You did well
Muy bien, lo / la felicito

Well done, a good result!
¡Muy bien, un buen resultado!

Excellent figures, well done!
¡Excelentes cifras, muy bien!

Congratulations!
¡Felicidades! / ¡Enhorabuena!

A great achievement!
¡Un resultado estupendo!

That was just right!
¡Eso estuvo muy bien!

You've earned it
Se lo merece

You worked hard for it
Trabajó mucho para conseguirlo

You did a good presentation / report
Su presentación / informe estuvo muy bien

Delivery, transport, entrega, transporte

Arranging Delivery

supplier / transporter

When can we deliver?
¿Cuándo podemos efectuar la entrega?

When would it be convenient to deliver your order?
¿Cuándo sería conveniente entregar su pedido?

Do you have a forklift truck?
¿Tienen ustedes un camión con elevador de carga?

The load weighs 3.2 tons and has a volume of 2 cubic metres
La carga pesa tres coma dos toneladas y tiene un volumen de dos metros cúbicos

Do you have lifting gear at the factory?
¿Tienen ustedes equipo elevador en la fábrica?

Which address do you want the order delivered to?
¿A qué dirección quiere usted que despachemos el pedido?

The goods will be covered by our insurance until they are delivered
Nuestro seguro cubrirá las mercancías / mercaderías hasta su entrega

Can you give me directions to your factory?
¿Puede indicarme cómo llegar a su fábrica?

Can you give me the delivery address?
¿Puede darme la dirección donde hay que hacer la entrega?

When can we collect the load you want delivered to San Vicente?
¿Cuándo podemos recoger la carga que desea enviar a San Vicente?

Do you need a refrigerated container?
¿Necesita un contenedor frigorífico?

Do you have container handling facilities?
¿Tiene usted equipo para el uso de contenedores?

customer's inquiries

When would you be able to deliver a load to our factory at Farley?
¿Cuándo podrán ustedes despachar una carga a nuestra fábrica en Farley?

How soon could you deliver?
¿Cuándo a más tardar podrían ustedes despachar?

When do you expect to deliver the order?
¿Cuándo esperan ustedes despachar el pedido?

Can you deliver earlier / later?
¿Pueden despachar antes / después?

Would you be able to collect the load on 4 May?
¿Pueden recoger la carga el cuatro de mayo?

I want to arrange for delivery of a load to Burgos
Quisiera disponer el envío de una carga a Burgos

The load is on 4 pallets
La carga está en cuatro palets

The order will be ready for collection on 4 May
El pedido estará listo para recoger el cuatro de mayo

What are your rates?
¿Cuáles son sus precios?

Can you pick up a load at Farley to deliver to San Sebastián?
¿Pueden ustedes recoger una carga en Farley y entregarla en San Sebastián?

I believe you have a regular run to Madrid?
Tengo entendido que ustedes viajan regularmente a Madrid

I'll fax / telex the details to you today
Hoy le enviaré los detalles por fax / télex

The documents will be ready when the driver calls for the load
Los documentos estarán listos cuando el conductor pase a recoger la carga

The cost of transport will be paid by the customer
El cliente pagará el coste[1] del transporte

problems

I'm afraid our lorry has been involved in an accident
Me temo que nuestro camión ha tenido un accidente

[1] *El costo* in Latin America.

There will be delay in delivery because:
La entrega se retrasará debido a que:

- **there is a strike at Hamburg**
- hay una huelga en Hamburgo

- **of the need to repack the goods**
- las mercancías / mercaderías tendrán que ser embaladas de nuevo

- **the lorry has broken down**
- el camión ha tenido una avería

- **there have been problems with the documents at the customs**
- ha habido problemas con los documentos en la aduana

- **the sailing of the ferry has been delayed**
- la salida del ferry / del transbordador se ha retrasado

- **the airport at Seville is closed**
- el aeropuerto de Sevilla está cerrado

Our lorry has gone to the wrong address and will be two days late delivering to you
El conductor del camión se ha equivocado de dirección y les hará la entrega con dos días de retraso

Our lorry was broken into at . . . and your goods are missing. We will let you know as soon as we have further information
Nos robaron en el camión en . . . y sus mercancías / mercaderías han desaparecido. Tan pronto como tengamos más información se lo haremos saber

We are sorry that the refrigeration plant broke down and the load was spoilt
Sentimos informarle que el frigorífico se ha averiado y se ha dañado la carga

I'm afraid that part of your load has been damaged. We've informed the insurers
Me temo que parte de su carga se ha dañado. Hemos informado a la compañía de seguros

Describing, descripciones

see also Accounts, Computers, Directions, Organisation Structure, Presentations, Tours

Describing a Company

company structure

The group is made up of 10 companies under a holding company
El grupo se compone de diez empresas controladas por un holding

It's a company registered in Luxemburg
Es una sociedad registrada en Luxemburgo

The company has 2 factories and 8 warehouses
La empresa / compañía tiene dos fábricas y ocho almacenes

It is established in 6 different countries
Está establecida en seis países diferentes

It's a subsidiary of . . .
Es una filial de . . .

It's a wholly owned subsidiary of . . .
Es una filial que pertenece totalmente a . . .

It's a branch / division of . . .
Es una sucursal / departamento de . . .

The holding company is called . . .
El holding se llama . . .

The main company is . . .
La compañía principal es . . .

The headquarters / main offices are in . . .
La sede central / oficina principal está en . . .

The company has 35% of the shares of . . .
La empresa tiene el treinta y cinco por ciento / por cien de las acciones de . . .

The Bank of . . . has a 10% stake in the company
El aporte del Banco de . . . en la empresa es del diez por ciento / por cien

They're a big / small company
Es una empresa grande / pequeña

It's managed by Ramos Ltd / Luis Villegas
Es administrada por Ramos S.A. / Luis Villegas

activities

The company is involved in distribution
La empresa se dedica a la distribución

They're in manufacturing
Es una compañía manufacturera

Infotell are a small software house
Infotell es una pequeña empresa de software

We're in PR
Nos dedicamos a las relaciones públicas

La Castellana are in insurance
La Castellana se dedica al sector de seguros

The company has a good reputation
La empresa tiene una buena reputación

We're a firm of consultants
Somos una empresa de asesores / consultores

The company has diversified into property development
La empresa ha extendido sus actividades al sector inmobiliario

We're involved in a joint venture with Marelli SpA
Estamos participando en una empresa en común con Marelli SpA

The main activity of the company is security systems
La empresa se dedica principalmente a sistemas de seguridad

They are the leading company in hotels
Es la principal empresa hotelera

The company has been very successful in . . .
La empresa ha tenido mucho éxito en . . .

We develop systems (for . . .)
Desarrollamos sistemas (para . . .)

We're a Plc
Somos una sociedad anónima (S.A.) sociedad limitada

It's a public limited company / a private limited company
Es una sociedad anónima

We have 220 employees
Tenemos doscientos veinte empleados

Describing a Company Building

The building is L shaped / cube shaped
El edificio tiene forma de L / forma de cubo

It's a five storey building / a single storey building
Es un edificio de cinco pisos / un edificio de un piso

It's in its own grounds
Ocupa su propio terreno

The building is brick faced / aluminium clad
El edificio está recubierto con ladrillos / recubierto con aluminio

The plant is rather old
La fábrica es más bien antigua

It's a modern building with light reflecting windows
Es un edificio moderno y las ventanas tienen cristales reflectantes

They're open plan offices
Son oficinas de planta abierta

There is an atrium in the centre with a reception desk and a drinks machine
Hay un vestíbulo / un área de servicio general en el centro donde están la recepción y una máquina para bebidas

There is a modern sculpture in the forecourt
En el antepatio hay una escultura

Describing Yourself / a Business Colleague / a Client

I am / He is / She is tall / short / of medium height / above average height
Soy / El es / Ella es alto(a) / bajo(a) / de estatura mediana / más alto que lo normal

I have / he has greying hair / he is bald / she has very short hair
Tengo / él tiene pelo canoso / él es calvo / ella tiene el pelo muy corto

She wears glasses / dark glasses[1]
Usa gafas / gafas oscuras

He tends to wear dark / light coloured suits
Suele llevar trajes de color oscuro / claro

He likes loud ties
Le gustan las corbatas de colores fuertes

ability:

She / He:
Ella / El:

- **is very sharp / very bright**
- es muy astuto(a) / muy inteligente

- **is a good listener, but he / she makes her own judgements**
- sabe escuchar, pero él / ella toma sus propias decisiones

- **is very dynamic / rather aggressive**
- es muy dinámico(a) / un tanto agresivo(a)

- **is a good team member**
- es un buen miembro del equipo

- **is a good salesperson / a good communicator**
- es un(a) buen(a) vendedor(a) / tiene don de gentes

[1] In some places, particularly in parts of Latin America, you may hear the words *los anteojos* or *los lentes* for 'glasses'.

- **is a bit erratic / very reliable**
- es poco constante / digno de confianza

- **is a bit introverted / an extrovert**
- es un poco introvertido(a) / extrovertido(a)

I work for Granton Plc
Trabajo en Granton Plc

I work for a firm of manufacturers
Trabajo en una empresa manufacturera

I'm a manager with . . .
Soy el / la gerente de . . .

She's very active
Ella es muy activa

I like working with a team
Me gusta el trabajo de equipo

I'm very systematic
Soy muy sistemático(a)

Describing a Product

It's an excellent product
Es un producto excelente

It's been selling very well
Se ha estado vendiendo muy bien

Reliability is very good / above average
Su fiabilidad es muy buena / está por sobre lo normal

The capital cost is high but the running costs are very low
El coste de inversión es alto pero el coste variable es bajo

It will pay for itself within a year
Se pagará solo dentro de un año

This trade mark has always been a good indication of quality
Esta marca de fábrica siempre ha sido una buena indicación de calidad

It's the best make available
Es la mejor marca que existe

It uses the latest technology / leading edge technology
Utiliza la última tecnología / tecnología de avanzada

There are a number of similar products on the market
Hay varios productos similares en el mercado

This is the only one of its type
Este es el único en su tipo

It's portable and very easy to use
Es portátil y muy fácil de usar

It will make a lot of cost savings possible
Permitirá un buen ahorro en el coste

It will reduce unit costs
Permitirá reducir el coste unitario

Directions, indicaciones

Asking for Directions

Can you tell me how to find . . .?
¿Puede decirme dónde está . . .?

Is this the right way to . . .?
¿Por aquí se va a . . .?

Am I on the right road for . . .?
¿Es ésta la ruta para . . .?

Can you tell me how to get to . . .?
¿Puede decirme por dónde se va a . . .? / ¿En qué dirección está . . .?

I'm going to . . . Can you tell me the best way to get there?
Voy a . . . ¿Puede decirme cuál es la forma más fácil de llegar allí?

Which road do I take for . . .?
¿Qué ruta / carretera tengo que tomar[1] para . . .?

Which direction is Santa Marta in please?
¿En qué dirección está Santa Marta, por favor?

Is it far to Santa Marta?
¿Está lejos Santa Marta?

How long will it take me to get to Santa Marta?
¿Cuánto se tarda en llegar a Santa Marta, cree usted?

[1] In this context, 'to take' may also translate as *coger*. Although this word seems to be more widely used in Spain, it is a taboo word in some Latin American countries, for example Argentina. For this reason I have used *tomar*, a more standard and useful word which will be understood everywhere.

How far is it to Santa Marta from the station?
¿A qué distancia está Santa Marta de la estación?

Which is the way to Mr Correa's office please?
Por favor, ¿por dónde se va al despacho del señor Correa?

How do I get to . . .?
¿Por dónde se va a . . .? / ¿En qué dirección está . . .?

I've come to see the managing director, can you tell me which is his office please?
Vengo a ver al director gerente. ¿Puede decirme cuál es su despacho, por favor?

Is this where I can find . . .?
¿Es aquí dónde está . . .?

Giving Directions

general

Go through the door at the end of the corridor / on the left / on the right
Pase usted por la puerta que está al final del corredor / a la izquierda / a la derecha

Go straight on
Siga todo recto[1]

Go to the end of the corridor
Siga hasta el final del corredor

It's at the end and on the left
Está al final, a la izquierda

[1] In Latin America you are more likely to hear *siga derecho*.

Turn right / left at the end of the corridor
Al final del corredor doble a la derecha / izquierda

The visitors' car park is on your left / right
El aparcamiento[1] de los visitantes está a la izquierda / derecha

Take the third turning on the left / right
Doble a la izquierda / derecha en la tercera calle

Go down / up a flight of stairs
Baje / suba unas escaleras

Take the lift to the 6th floor and turn right / turn left / go straight ahead on leaving the lift
Tome el ascensor hasta el sexto piso y doble a la derecha / doble a la izquierda / siga todo recto al salir del ascensor

The office is facing you as you leave the lift
El despacho / la oficina está justo enfrente del ascensor

His office is on the left as you go through the doors
Su despacho / oficina está a la izquierda, pasado la puerta

The office is in the tall building at the end of the drive
La oficina está en el edificio alto al final de la entrada de coches

I'm afraid you've come to the wrong building / the wrong entrance
Me temo que se ha equivocado de edificio / de entrada

I'll show you how to get to the right place
Yo le indicaré cómo llegar hasta allí

[1] In some parts of Latin America (e.g. Chile, Argentina) you will hear the word *el estacionamiento*.

I'll take you there
Yo lo / la llevaré allí

It's about 5 minutes' walk
Está a unos cinco minutos andando

It takes about 30 minutes in a car
Se tarda unos treinta minutos en coche

location

It's facing . . .
Está enfrente de . . .

It's near . . .
Está cerca de . . .

It's at the end of . . .
Está al final de . . .

It's just off the central roundabout
Es una calle que sale de la glorieta central

Leave the motorway at Hangford and you'll see it there
Salga de la autopista en Hangford y allí lo(a) verá

The main entrance is on the N12
La entrada principal está por la [*eney*]12

It's on the industrial estate / the industrial district at . . .
Está en el polígono industrial / la zona industrial en . . .

The building is not far from:
El edificio no está lejos de:

- **the motorway / the main road**
- la autopista / la carretera

- **the railway station / the airport**
- la estación de ferrocarriles / el aeropuerto

- **the underground station / your hotel**
- la estación de metro / su hotel

St Stephen's Road is the road leading from the central roundabout to the football stadium
La calle St Stephen es la que va de la glorieta central al estadio de fútbol

Disagreeing, no estar de acuerdo

see also Meetings, Negotiations

No
No

That can't be right
No puede ser

No, that's not quite true
No, no es así / no es cierto *(slightly informal)*

That's not true
No es verdad *(informal)*

That's just not the case
No es así exactamente

I don't agree / I disagree
No estoy de acuerdo

I'm afraid I don't agree
Lo siento, pero no estoy de acuerdo

I can't agree
No puedo aceptar . . .

I'm sure you are wrong
Usted está equivocado, estoy seguro

I think you must be wrong
Creo que usted se equivoca

I'm sorry to disagree but . . .
Siento no compartir su opinión, pero *(very formal)* . . .

I have to differ with you on this point
Yo discrepo de usted con respecto a este punto *(very formal)*

I'm not altogether convinced
No estoy completamente convencido

I'm not sure
No estoy seguro

I must question that
Yo pongo en duda eso

I still think that's wrong
Sigo pensando que eso está mal

That's ridiculous
Es absurdo / ridículo

The Economy, la economía

see also Figures

Talking about the Economy

results

There is inflationary pressure
Hay una presión inflacionaria

The currency is very weak
Le moneda está muy débil

The exchange rate is poor
El tipo de cambio está muy bajo

The trade balance is in deficit
La balanza comercial muestra un déficit

There is a large trade gap
La balanza comercial es muy desfavorable

Exports are weak / strong
Las exportaciones están flojas[1] / firmes

Invisible earnings have increased
Las ganancias invisibles han aumentado

Inflation has increased
La inflación ha aumentado

There has been a slump in building
Ha habido una baja repentina en la construcción

[1] In parts of Latin America, *flojo* stands for 'lazy' rather than 'weak'. The latter meaning may be expressed through the word *débil*, which is a more general term, also used in Spain.

The tourist industry is booming
La industria turística está en expansión

The industry is suffering from lack of investment
La industria se está viendo afectada por la falta de inversión

Export sales are buoyant
Las ventas al exterior están en alza

Interest rates are high
Los tipos de interés[1] están altos

There is a shortage of skilled labour
Hay una escasez de mano de obra cualificada

There have been a lot of strikes
Hay habido muchas huelgas

Political uncertainty has affected the economy
La incertidumbre con respecto a la situación política ha afectado a la economía

trends

The consumer goods / luxury goods market is growing fast
El mercado de bienes de consumo / artículos de lujo está creciendo rápidamente

Agriculture is becoming more mechanized
La agricultura se está mecanizando más

Invisible exports are growing
Las exportaciones invisibles están aumentando

[1]*La tasa de interés*, in Latin America.

Exports are slowing
Las exportaciones están bajando

Unemployment is high and growing
El desempleo[1] es alto y está aumentando

Unemployment is low but it is growing
El desempleo es bajo, pero está aumentando

Wages are rising fast at present
Actualmente los sueldos están aumentando de forma muy rápida

Capital investment is increasing
La inversión está aumentando

the outlook

The outlook is good / poor
Las perspectivas son buenas / malas

The trend is downward / upward
La tendencia es a la baja / bajista / al alza / alcista

Interest rates are unlikely to fall this quarter
Es poco probable que el tipo de interés baje este trimestre

Import controls are possible
Es posible que se establezcan controles a las importaciones

Inflation should begin to fall soon
La inflación debe empezar a bajar pronto

[1]*El desempleo*, a standard word, will be understood in Spain as well as in Latin America. In Spain, however, the word *el paro* seems to be more frequent. In many parts of Latin America *el paro* means 'strike'.

Demand should increase this year
La demanda debe aumentar este año

The . . . (luxury goods) sector could soon become saturated
El sector de (artículos de lujo) podría saturarse pronto

It's thought that the market for household electrical goods will grow
Se piensa que el mercado de artículos electrodomésticos crecerá

There should be a growing demand for . . .
La demanda de . . . será cada vez mayor

Exhibitions / Trade Fairs,

exposiciones / ferias de muestras, ferias comerciales

Before an Exhibition / Trade Fair

making enquiries

Can you tell me the dates of the . . . trade fair please?
¿Puede decirme las fechas de la feria de muestras de . . ., por favor?

When is the last date we can book a stand?
¿Cuál es la fecha tope para la reserva de *stands*?

What spaces do you have left?
¿Qué sitios les quedan?

When is the exhibition open to the public?
¿Cuándo estará abierta al público la feria comercial?

When is the trade day?
¿Cuál es el día dedicado a los comerciantes?

How many visitors did you have last year?
¿Cuántos visitantes tuvieron el año pasado?

Could you let us have a list of the exhibitors? / the visitors at last year's trade fair?
¿Podría enviarnos una lista de los expositores? / las personas que visitaron la feria de muestras el año pasado?

Could we have some literature on the show please?
¿Podría enviarnos información impresa sobre la exposición, por favor?

Have you received any bookings from companies in our type of activity?
¿Ha habido reservas por parte de empresas dedicadas al mismo tipo de actividad que nosotros?

What sort of publicity have you organized?
¿Qué tipo de publicidad han organizado?

Did the show get much press coverage last year?
¿Hubo suficiente información en la prensa sobre la exposición el año pasado?

Is it a shell scheme?
¿Es un *stand* no equipade / con la armazón solamente?

What is the cost of advertising in the catalogue?
¿Cuánto cuesta hacer publicidad en el católogo?

How do I book a stand?
¿Cómo puedo reservar un *stand*?

What does the cost include?
¿Qué incluye el precio?

Does the cost include insurance?
¿Está incluido el seguro en el precio?

What is the cost of a stand?
¿Cuánto cuestan los *stands*?

Is the exhibition sponsorerd?
¿Tiene algún patrocinador la exposición?

Is that per day or for the duration of the show?
¿Eso es por día o mientras dure la exposición?

What type of insurance is there on the stand?
¿Qué tipo de seguro hay para el *stand*?

How many stands will there be?
¿Cuántos *stands* habrá?

Are there any events during the trade fair?
¿Hay algún programa de actos durante la feria (de muestras)?

What risks does the insurance cover?
¿Qué riesgos cubre el seguro?

Do you issue complimentary tickets?
¿Repartirán ustedes entradas de favor?

How many complimentary tickets do you supply?
¿Cuántas entradas de favor entregarán?

Can we arrange to have a stand built for us?
¿Podemos hacer que nos construyan un *stand*?

How many exhibitor's badges can we have?
¿Cuántos distintivos para expositores nos pueden dar?

What parking facilities are there for exhibitors?
¿Qué facilidades de aparcamiento hay para los expositores?

Is the exhibition hall patrolled at night?
¿Hay vigilancia nocturna en el salón de exposiciones?

What is the maximum permitted height of stands?
¿Cuál es la altura máxima permitida para los *stands*?

Whom do we contact to arrange for power points?
¿Con quién tenemos que ponernos en contacto para que nos instalen tomas de corriente?

booking a stand

I would like to book a stand for the exhibition
Quisiera reservar un *stand* para la exposición

Do you still have a:
¿Tienen todavía:

- **a corner stand?**
- algún *stand* en una esquina?

- **a stand near the main entrance?**
- un *stand* cerca de la entrada principal?

- **a stand near the enquiry desk?**
- un *stand* cerca de la mesa de informaciones?

- **a stand near the bar?**
- un *stand* cerca del bar?

- **a stand on the central passageway?**
- un *stand* en el pasillo central?

I would like a corner stand
Quisiera un *stand* en una esquina

We want a stand near / away from the stand occupied by . . .
Quisiéramos un *stand* cerca / lejos del *stand* de . . .

I would like stand number . . .
Quisiera el *stand* número . . .

We will build the stand ourselves
Construiremos el *stand* nosotros mismos

Our agents will build the stand
Nuestros representantes construirán el *stand* / El *stand* lo construirán nuestros representantes

Can you fax me a booking form, my fax number is . . .
¿Podría enviarme un formulario de reserva por fax? Mi número de fax es el . . .

Can I fax you a reservation? What is your fax number?
¿Puedo enviarle una reserva por fax? ¿Cuál es su número de fax?

Will it be possible to get a list of the visitors after the show?
¿Sería posible que después de la feria me enviaran una lista de los visitantes?

Can you recommend a firm of stand builders?
¿Podrían recomendarme alguna firma que construya *stands*?

We will require electric points and spot lighting
Necesitaremos tomas de corriente y reflectores

Can you recommend a hotel?
¿Puede recomendarnos un hotel?

Can you let us have the application form for the show?
¿Podría enviarnos el formulario de inscripción para la feria comercial?

Can you send all correspondence about the fair to me? I'm the stand manager
¿Podría enviar toda la correspondencia sobre la feria en mi nombre? Yo estaré a cargo del *stand*

dealing with enquiries

Our insurance covers . . .
Nuestro seguro cubre . . .

There will be 100 exhibitors
Habrá cien expositores

We had 120,000 visitors last year
El año pasado tuvimos ciento veinte mil visitantes

TV7 will be at the exhibition and there will be a special edition of Enterprise Weekly
El canal 7 de la televisión estará en la exposición y habrá una edición especial de Semanario Empresarial

The exhibition is sponsored by . . .
La exposición es patrocinada por . . .

There is an exhibitor's car park next to the site
Hay un aparcamiento para los expositores junto al lugar de la feria

Each stand has a 13 amp power point, the voltage is 240 volts
Cada *stand* tiene una toma de corriente de trece amperios, el voltaje es de doscientos cuarenta voltios

We can arrange for additional power points
Podemos pedir que les instalen otras tomas de corriente

The cost of . . . is included in the cost of the stand but you will be invoiced for the cost of electricity used on the stand
El coste de . . . está incluido en el precio del *stand*, pero ustedes tendrán que pagar el coste de la electricidad que se consuma en el *stand*

We can send you full details by fax today – would you like to give me your fax number?
Podemos mandarle todos los detalles por fax hoy mismo. ¿Podría darme su número de fax?

I will send you the booking form straight away
Le enviaré el formulario de reserva inmediatamente

Who should we send the literature to?
¿A quién debemos enviar la información?

Catalogues will be available 7 days before the opening of the exhibition
Los catálogos estarán disponibles siete días antes de la inauguración de la exposición

Our staff ensure stand security at night
La seguridad de los *stands* durante la noche es de responsabilidad de nuestro personal

Please let us have the documents confirming your participation in the show as soon as you arrive
Haga el favor de enviarnos lo antes posible la documentación confirmando su participación en la exposición

If you need any other information please do not hesitate to contact us
Si necesita alguna otra información no vacile en ponerse en contacto con nosotros

At an Exhibition

starting a conversation

Hello, I represent Howden Services, how can I help you?
Hola buenos días / buenas tardes, yo represento a Howden Services. ¿En qué puedo servirle?

Let me give you one of our brochures
Déjeme darle uno de nuestros folletos

Have you come across our products before?
¿Conoce usted ya nuestros productos?

What do you know about Howden Services?
¿Qué sabe usted sobre Howden Services?

Which part of our display are you interested in?
¿Qué parte de nuestra exposición le interesa?

What do you use for (data storage) in your company?
¿Qué usan en su empresa para (almacenamiento de datos)?

Who supplies your . . . at present?
¿Quién abastece su . . . actualmente?

Have you ever used our products / machines / services?
¿Ha utilizado usted alguna vez nuestros productos / máquinas / servicios?

Would you like to try them?
¿Le gustaría probarlos?

Let me show you our new model / product
Permítame mostrarle nuestro nuevo modelo / producto

If you have a moment to spare, I'll show you some of our . . .
Si tiene un momento libre, le mostraré algunos(as) de nuestros(as) . . .

Would you like a drink while I show you . . .?
¿Desea usted tomar algo mientras le muestro . . .?

Are you familiar with . . .?
¿Conoce usted . . .? / ¿Está familiarizado(a) usted con . . .?

Do you know of . . .?
¿Conoce usted . . .?

We're offering a discount of 10% on all orders placed during the exhibition
Ofrecemos un descuento de diez por ciento en todos los pedidos que se hagan durante la feria

saying more about your company

We're well known in Britain, now we're starting to get known here
Somos muy conocidos en Gran Bretaña y ahora nos estamos dando a conocer aquí

We're an SME based in (the north / south) of England (based in Wales, Scotland)
Somos una pequeña / mediana empresa con base en (el norte / el sur) de Inglaterra (con base en Gales, Escocia)

We've made our reputation in . . . (the . . . sector)
Nos hemos dado a conocer en (el sector . . .)

We're the leading British company for . . .
Somos la principal compañía británica en . . .

We're a new company and we've just launched . . .
Somos una compañía nueva y acabamos de lanzar en el mercado . . .

I'm the (director of marketing)
Soy (el director / la directora comercial / de marketing)

This is the first time that we've been represented at an exhibition in this country
Esta es la primera vez que estamos representados en una feria de muestras en este país

We've been very pleased with the amount of interest in our stand
Estamos muy satisfechos con el interés que ha despertado nuestro *stand*

finding out more about the visitor

What's the main activity of your business?
¿Cuál es la principal actividad de su negocio?

I don't think I caught your name
Disculpe, no oí bien su nombre / Perdone, ¿cómo dijo que se llamaba?

Out of interest, what's your company called?
A propósito, ¿cómo se llama su compañía?

Are you involved in selecting new products?
¿Usted tiene que ver con la selección de nuevos productos?

Let me show you the advantages / features of our . . .
Permítame mostrarle las ventajas / características de nuestro(a) . . .

How does our . . . compare with what you are using at the moment?
¿Qué me puede decir usted de nuestro(a) . . . en comparación con lo que ustedes usan actualmente?

Would you like us to give you a quote?
¿Quiere que le demos una cotización?

Can I leave you my card?
¿Puedo dejarle mi tarjeta?

Do you have a card?
¿Tiene usted una tarjeta?

Oh, you're an exhibitor as well? Which stand are you on? I'll come and see you
Veo que usted también es expositor(a). ¿En qué stand está? Pasaré a verlo(a)

Can I just take your details and we'll contact you after the exhibition
Si me deja sus datos personales nos pondremos en contacto con usted después de la exposición

Would you like to leave your details?
¿Quiere dejar sus datos personales?

Have you got a business card?
¿Tiene usted una tarjeta de su empresa?

dealing with more than one visitor

Can I introduce you to my colleague Carlos, he knows a lot about . . . – Carlos, this is . . ., he's from . . .
Permítame presentarle a mi colega Carlos? – Carlos, éste es . . ., (él) es de . . .

Can I leave you to discuss . . . with my colleague while I have a few words with the other visitor?
¿Puedo dejarle un momento con mi colega para que discutan . . . mientras yo hablo con aquel señor / aquella señora / señorita?

I'll be with you in a moment, would you like to sit down?
Le atenderé en seguida. ¡Siéntese, por favor!

Would you like to look through our catalogue? I'll be with you shortly
¿Quiere mirar nuestro catálogo? Le atenderé en seguida

Can I offer you something to drink while I talk to my other client
¿Puedo ofrecerle algo mientras hablo con mi otro cliente?

arranging a follow-up meeting

I'll contact your secretary tomorrow to make an appointment
Me pondré en contacto con su secretaria mañana para fijar una cita

When would be a good time to come and see you?
¿Cuándo sería conveniente para usted que nos viésemos?

Would you like to make an appointment now?
¿Quiere que fijemos una cita ahora?

Whom should I contact in your organization to arrange a presentation?
¿Con quién debo hablar en su organización para organizar una presentación?

When would you like me to come and give a demonstration?
¿Cuándo desea usted que vaya a hacer una demostración?

I'll give you a ring in a few days to see if we can discuss this further
Le telefonearé dentro de unos días para ver si podemos continuar nuestra discusión

When would be a good time to contact you?
¿Cuándo sería conveniente para usted que yo lo(a) llamase?

Would you like to leave me your details? I might be able to help you
¿Quiere dejarme sus datos personales? Tal vez podría ayudarlo(a)

If you leave your address I'll arrange for our local sales consultant to visit you
Si me deja su dirección, haré que nuestro asesor de ventas de su localidad lo(a) visite

If you could leave your details / your business card, I'll send you more information
Si me deja sus datos personales / su tarjeta comercial, le enviaré más información

We'll be on stand 564 at the International Exhibition in . . .
Estaremos en el stand quinientos sesenta y cuatro en la Exposición Internacional de . . .

We'll be pleased to see you there
Tendremos mucho gusto en verlo(a) allí

If you'd like to come back in an hour, we'll be demonstrating the new model
Si quiere, puede volver dentro de una hora; vamos a hacer una demonstración del nuevo modelo

I look forward to meeting you again. Goodbye
Estaré encantado de verlo(a) otra vez. Hasta luego

Figures and Numbers, cifras y números

General

> When saying numbers try remembering the following simple rule of Spanish pronunciation: if a word ends in a vowel, for example *treinta* (thirty) and is followed by a word beginning with a vowel (or a semi-vowel such as 'y'), the two vowels are normally pronounced as though both formed part of the same word. When the two vowels are the same (as might arise when saying a telepone number, e.g. *cero, ocho, uno* [081]), these are usually pronounced as one.

0	cero
1, 2, 3, 4, 5	uno, dos, tres, cuatro, cinco
6, 7, 8, 9, 10	seis, siete, ocho, nueve, diez
20, 21, 22 . . .	veinte, veintiuno, veintidós
30, 31, 32 . . .	treinta, treinta y uno, treinta y dos
40, 41, 42 . . .	cuarenta, cuarenta y uno, cuarenta y dos
50, 51, 52 . . .	cincuenta, cincuenta y uno, cincuenta y dos
60, 61, 62 . . .	sesenta, sesenta y uno, sesenta y dos
70, 71, 72 . . .	setenta, setenta y uno, setenta y dos
80, 81, 82 . . .	ochenta, ochenta y uno, ochenta y dos
90, 91, 92 . . .	noventa, noventa y uno, noventa y dos
100, 101 . . .	cien, ciento uno
150, 155 . . .	ciento cincuenta, ciento cincuenta y cinco
200, 201 . . .	doscientos, doscientos uno

224, 280	doscientos veinticuatro, doscientos ochenta
300, 378	trescientos, trescientos setenta y ocho
400	cuatrocientos
500	quinientos
600	seiscientos
700	setecientos
800	ochocientos
900	novecientos
1 000, 1 001	mil, mil uno
2 000, 2 510	dos mil, dos mil quinientos diez
10 000, 10 346	diez mil, diez mil trescientos cuarenta y seis
15 000	quince mil

Notes on cardinal numbers
All numbers finishing in *uno*, for example *veintiuno*, *treinta y uno*, change according to the gender (masculine or feminine) of the noun to which they refer. Before a masculine noun *uno* becomes *un* (e.g. *un señor*, a gentleman) and before a feminine noun it becomes *una* (e.g. *una señora*, a lady). Nouns which finish in *-cientos*, for example *doscientos*, *trescientos*, must change according to the gender (masculine or feminine) of the noun which follows, as in:

doscientos dólares (masculine):	200 dollars
doscientas pesetas (feminine):	200 pesetas
trescientas libras (feminine):	300 pounds

Decimal Figures

Spanish generally uses the comma (*la coma*) to indicate the decimal point. However, in some Latin American countries, notably Mexico, you will hear figures quoted with the decimal point rather than the comma.

8.5	**eight point five**
8,5	ocho coma cinco
8.78	**eight point seven eight**
8,78	ocho coma setenta y ocho
3.612	**three point six one two**
3,612	tres coma seiscientos doce

Ordinal Numbers

1st	**first**
1º/ 1a	primero(a)
2nd	**second**
2º/ 2a	segundo(a)
3rd	**third**
3º/ 3a	tercero(a)
4th	**fourth**
4º/ 4a	cuarto(a)
5th	**fifth**
5º/ 5a	quinto(a)
6th	**sixth**
6º/ 6a	sexto(a)
7th	**seventh**
7º/ 7a	séptimo(a)
8th	**eighth**
8º/ 8a	octavo(a)
9th	**ninth**
9º/ 9a	noveno(a), nono(a)

10th	**tenth**
10º/ 10a	décimo(a)
11th	**eleventh**
11º/ 11a	undécimo(a)
12th	**twelfth**
12º/ 12a	duodécimo(a)
13th	**thirteenth**
13º/ 13a	décimotercio(a), décimotercero(a)
14th	**fourteenth**
14º/ 14a	décimocuarto(a)
20th	**twentieth**
20º/ 20a	vigésimo(a)
21st	**twenty-first**
21º/ 21a	vigésimo primero(a)
100th	**hundredth**
100º/ 100a	centésimo(a)
1,000th	**thousandth**
1 000º/ 1 000a	milésimo(a)
1,000,000th	**millionth**
1 000 000º/ 1 000 000a	millonésimo(a)

Notes on ordinal numbers

1 Ordinal numbers must agree in gender (masculine or feminine) and number (singular or plural) with the noun, for example *el segundo tren* (the second train), *la segunda estación* (the second station), *los primeros días* (the first few days).

2 Before a masculine singular noun (e.g. *el número*, the number), *primero* and *tercero* become *primer* and *tercer* respectively, for example *el primer número* (the first number), *el tercer día* (the third day).

3 Ordinal numbers above 21 are rarely used in speech. Instead, they tend to be replaced by cardinal numbers, as in *el veinticinco aniversario* (the 25th anniversary).

Fractions and Percentages

½	**(a) half, half of . . .**
½	medio(a), e.g. *medio litro* (half a litre), *media pensión* (half board), la mitad, e.g. *la mitad del precio* (half the price)
⅓	**a third**
⅓	un tercio / la tercera parte
¼	**a fourth**
¼	un cuarto / la cuarta parte
⅕	**a fifth**
⅕	la quinta parte
10%	**ten per cent**
10%	diez por ciento
10.4%	**ten point four per cent**
10,4%	diez coma cuatro por ciento

10.43%	**ten point four three per cent**
10,43%	diez coma cuarenta y tres por ciento

> N.B.: in Spain one may also hear *cien* instead of *ciento*, i.e. *diez por cien* for *diez por ciento*. Both forms are acceptable. In Latin America *ciento* is the standard form.

Ratios

Shares will be exchanged in the ratio one to three
Las acciones serán canjeadas a razón de uno a tres

Quoting Figures with Units

3,2 cm	tres coma dos centímetros
1,80 m	un metro ochenta
150 km	ciento cincuenta kilómetros
1,5 kg	un kilo y medio
3,5 l	tres litros y medio
2½ years	dos años y medio
10,50 pesos[1]	diez pesos cincuenta (centavos *or* céntimos)
US$ 20.40	veinte dólares cuarenta / veinte dólares con cuarenta centavos

[1] *El peso* is the currency of several Latin American countries, amongst them Chile, Mexico, Colombia.

£525-62	quinientas veinticinco libras sesenta y dos peniques / quinientas veinticinco libras con sesenta y dos peniques
1 000 Ptas	mil pesetas

Prices

The price is:
El precio es de:

- **3 per unit**
- tres libras por unidad / tres libras cada uno(a)

- **2 per litre**
- 2 libras (esterlinas) el litro

The price is £3,226
El precio es de tres mil doscientas veintiséis libras (esterlinas)

The cost will be 1,560 Ptas each
El precio será de mil quinientas sesenta pesetas cada uno(a)

Dates and Times

The 14th January 1994
El catorce de enero de mil novecientos noventa y cuatro

The 1 June / the first of June
El uno de junio / El primero de junio (*Latin America*)

> NB: in dates Spanish uses cardinal numbers instead of ordinal numbers, i.e. *el dos de julio* (the 2nd of July), *el 28 de agosto* (the 28th of August). The exception is 'first', as in *el primero de enero* (the first of January), which one hears in Latin America. In Spain, however, most people will say *el uno de enero*. Notice that the months are written with small letters.

2 pm, 1400
las dos de la tarde / las catorce horas[1]

The flight is at 3.15 pm / the flight is at 1515
El vuelo es a las tres y cuarto de la tarde / el vuelo es a las quince quince

The meeting will be held at 9 am
La reunión será a las nueve de la mañana

Quoting Other Numbers

> Many numbers are read out as large figures (thousands, hundreds or tens). If you are not sure how to read a large figure, quote the individual figures, for example *uno nueve cinco seis*, instead of *mil novecientos cincuenta y seis*.

[1] The 24-hour clock is used in public announcements, by employees and officials at railway stations, airports, etc., and also on radio and television. In colloquial speech, however, most people will use phrases like *son las 10.00 de la mañana* (it is 10 o'clock in the morning) or *son las 10.00 de la noche* (it is 10 o'clock at night), to make it clear whether they are referring to am or pm.

telephone, telex, fax numbers

External telephone numbers are read either as single figures or in pairs of figures. If there are seven numbers, the first one can be read as a single number, the rest in pairs. The dialling code (*el prefijo*) is quoted separately.

(010 343) 217 5032
(cero uno cero tres cuatro tres) dos uno siete cinco cero tres dos / (cero diez tres cuarenta y tres) dos diecisiete cincuenta treinta y dos

Extension numbers of three figures may be read as one single figure or in pairs if there are four figures.

Extension 2532
Extensión[1] veinticinco treinta y dos

Extension 157
Extensión ciento cincuenta y siete

A fax number (*el número de fax*) is read in the same way as a telephone number and a telex number will be read out as one single number, in pairs or as single figures.

[1] Some Latin American countries use other words for *extension*, for example *el interno*, in Argentina, and *el anexo*, in Chile.

postal codes

All Spanish provinces and towns now have a postal code. In large cities, for example Madrid and Barcelona, the postal code includes the number of the district as well as that of the city, which comes first. For example, 08032 and 08013 correspond to two different districts of Barcelona. If you omit the postal code your letter may take longer to reach its destination. Postal codes may be read as single figures or in pairs:

08032
cero ocho cero tres dos / cero ochenta treinta y dos

number plates

In Spain number plates (*las matrículas*) quote a group of numbers with letters on each side. The figures are read as groups. For example:

TF 6359 - F
[*tey eyfey*] seis mil trescientos cincuenta y nueve [*efey*]

reference numbers, code numbers

Reference numbers may be read as single figures or as a group of figures with individual letters.

374 / 578 G
Tres siete cuatro barra cinco siete ocho G [*hey*] / trescientos setenta y cuatro barra quinientos setenta y ocho G [*hey*]

4849 - YT
Cuatro ocho cuatro nueve raya Y [*ee griega*] T [*tay*] / cuatro mil ochocientos cuarenta y nueve raya Y [*ee griega*] T [*tay*]

Your letter reference 3939/TR
Su carta con referencia tres nueve tres nueve barra T [*tay*] R [*eray*]

Discussing Figures

approximation

The cost will be about £1,500
El precio será de unas / aproximadamente mil quinientas libras (esterlinas)

The final figure will be about 7,900,000 pesetas
La cifra final será de aproximadamente siete millones novecientas mil pesetas

We have nearly 200 employees
Tenemos unos doscientos empleados

The profit has almost gone through the ten million mark
Las ganancias casi sobrepasaron el total de diez millones de marcos

This year our turnover will be in the order of £6 million
Este año nuestro volumen de ventas será del orden de seis millones de libras (esterlinas)

Our profit is between 15 and 15.5%
Nuestras ganancias se sitúan entre el quince y el quince coma cinco por ciento

The industrial estate is about 8 km from the town
El polígono industrial está a unos ocho kilómetros de la ciudad

The figure is in the region of 10,000 pesetas
La cifra es de alrededor de diez mil pesetas

The costs are just over / just under . . .
El coste es de poco más de . . . / poco menos de . . .

The increase is just over 10%
El aumento es de poco más de diez por ciento

The cost of transport has gone up by a little over 7%
El coste del transporte ha subido poco más del siete por ciento

We telephoned more than 400 customers
Llamamos por teléfono a más de cuatrocientos clientes

Less than 2% of customers have said they are dissatisfied with the after sales service.
Menos del dos por ciento de los clientes han dicho que no están satisfechos con el servicio de post-venta

We have sent out hundreds / thousands of brochures
Hemos enviado cientos / miles de folletos

We contacted about a hundred / about a thousand customers
Nos pusimos en contacto con unos cien / mil clientes

We received their reply about 10 days later
Recibimos su respuesta unos diez días después

frequency

Deliveries will be . . .
Las entregas serán . . .:

- **weekly**
- semanales

- **monthly**
- mensuales

- **every 2 months**
- cada dos meses

We can make these modules at the rate of 500 per month
Podemos fabricar estos módulos a razón de quinientos por mes

change and trends

Sales have increased / decreased by 5%
Las ventas han aumentado / bajado en un cinco por ciento

The price has been increased / decreased to . . .
Han subido / bajado el precio a . . .

Sales have increased / decreased regularly / rapidly / slowly
Las ventas han aumentado / disminuido regularmente / rápidamente / lentamente

Orders have doubled this year / since the beginning of the quarter
Los pedidos se han duplicado este año / desde el principio del trimestre

We have reduced our expenses by 5,500,000 pesetas
Hemos reducido nuestros gastos en cinco millones quinientas mil pesetas

Our share has gone from 15 to 20%
Nuestra participación ha subido del quince al veinte por ciento

The sales have fallen to 2 700 units per quarter
Las ventas han bajado a dos mil setecientas unidades por trimestre

The government has increased interest rates
El gobierno ha aumentado el tipo de interés

comparing figures

There were 12 700 visitors to the show, 5.5% more than last year / less than last year
Visitaron la feria doce mil setecientas personas, cinco coma cinco por ciento más / menos que el año pasado

The turnover for the quarter is almost up to the level reached at the same time last year
La cifra de ventas para el trimestre casi ha llegado al nivel alcanzado en el mismo período el año pasado

At 312 883 the sales results are slightly higher / slightly lower than last year's
La cifra de ventas de trescientos doce mil ochocientos ochenta y tres representa una cantidad levemente superior / inferior a la del año pasado

Market penetration has reached 20%, twice as much as last year
La penetración en el mercado ha llegado al veinte por ciento, el doble de lo conseguido el año pasado

It's double the expected figure
La cifra es el doble de lo esperado

The profit is 10 million pesetas less than last year
Las ganancias son de diez millones de pesetas menos que el año pasado

The profit margin has gone from 11 to 14%
El margen de utilidad ha subido del once al catorce por ciento

The value of the market has gone up by a billion pesetas
El valor de mercado ha subido en un billón de pesetas

Overheads have been reduced from . . . Ptas in 19— to . . . Ptas in 19—
Los gastos generales han bajado de . . . pesetas en 19— a . . . pesetas en 19—

Hotels and Conference Centres, hoteles y centros de convenciones

see also Booking

Booking a Room

I'd like to book a room please
Quisiera reservar una habitación, por favor

I would like a room for . . . one / two persons with a shower / bath
Quisiera una habitación para una / dos personas con ducha / baño

It would be for three nights from 5 October
Sería para tres noches, a partir del cinco de octubre

It's in the name of . . .
Es en nombre de . . .

I shall be arriving at 11 pm (2300)
Llegaré a las once de la noche (a las veintitrés horas)
See also **Booking**

Arriving

Do you have any rooms available?
¿Tiene una habitación libre?

No, I don't have a booking
No, no tengo reserva[1]

[1] In some parts of Latin America you may hear *una reservación* instead of *una reserva*.

Can you recommend another hotel I could try near here.
¿Puede recomendarme otro hotel cerca de aquí?

I would like full board/half board.
Quiero la pensión completa / media pensión

Which floor is the room on? Is there a lift?
¿En qué piso está la habitación? ¿Hay ascensor?

I'm a little early, is my room available yet?
He llegado un poco temprano, ¿ya está disponible mi habitación?

Hello, my name is . . ., from Hallowin plc, I believe you have a room booked for me
Hola buenos días/buenas tardes, soy . . . de Hallowin plc. Me parece que usted tiene una habitación reservada para mí

My secretary booked a room for me by telex some time ago/yesterday
Mi secretaria reservó una habitación para mí por télex hace algún tiempo / ayer

There must be some mistake, I have the confirmation here
Debe de haber una equivocación, aquí tengo la confirmación

The reservation might be in the name of my company
La reserva puede estar en nombre de mi compañía

My name is Charles Michael, perhaps the booking has been written in the name of Charles
Me llamo Charles Michael, quizá[1] la reserva esté en nombre de Charles

[1] Also *quizás*.

I definitely booked a room with a single bed
Pero si[1] yo reservé una habitación individual

Inquiries

I reserved for one person but I have brought a colleague with me. Do you have another room available?
Hice una reserva para una persona pero he venido con un colega. ¿Tiene otra habitación disponible?

My room is too noisy. Do you have a quieter room?
Mi habitación es demasiado ruidosa. ¿Tiene una habitación más tranquila?

I want to stay an extra two days. Do you have a room available?
Quiero quedarme dos días más. ¿Tiene una habitación libre?

I booked for 5 days but now I have to leave in 3 days
Hice una reserva para cinco días pero tendré que marcharme dentro de tres días

Where can I leave my car?
¿Dónde puedo dejar mi coche?

Do you have a safe? I would like to deposit some documents
¿Tienen ustedes caja de seguridad? Quisiera dejar algunos documentos

When does the bar close?
¿A qué hora cierra el bar?

[1] *Pero si . . .* has an emphatic function in this sentence.

Where can I get a meal?
¿Dónde podría comer?

Can you order a taxi for me please. I want to go to . . .
¿Podría conseguirme un taxi, por favor? Quiero ir a . . .

Can you book a taxi for 1500 for me please. I must be at the airport by 1830
¿Puede resevarme un taxi para las tres de la tarde, por favor? Tengo que estar en el aeropeurto a las seis y media

Can I have two light lunches in my room, please?
¿Podría enviar dos almuerzos ligeros / comidas ligeras a mi habitación, por favor?

Can you put the drinks on my bill, please?
Ponga las bebidas en mi cuenta, por favor

Do you have a laundry service?
¿Tienen ustedes servicio de lavandería?

What's the latest I can check out?
¿A qué hora debo dejar la habitación?

My name is . . . I'm in room . . . I'm expecting a visitor, a Mr Martínez, can you let me know when he arrives?
Soy . . ., estoy en la habitación. . . Espero una visita, un señor de apellido Martínez, ¿puede avisarme cuando llegue?

Can you ask him to wait in reception?
¿Puede pedirle que espere en la recepción?

Where can I find the bar / the nearest post office / the car park / the toilets, please?
¿Puede decirme dónde está el bar / la oficina de correos más cercana / el aparcamiento / los servicios[1], por favor?

What time do you serve lunch / dinner / breakfast?
¿A qué hora sirven el almuerzo / la cena[2] / el desayuno?

How far is it to the Banco de la Nación?
¿Está muy lejos el Banco de la Nación? / ¿A qué distancia está el Banco de la Nación?

Can I walk to the . . . easily?
¿Se puede ir andando a . . .?

Can you recommend a restaurant in town?
¿Me puede recomendar un restaurante en la ciudad?

I'm leaving early tomorrow morning, can you make up my bill please?
Me marcho mañana temprano, ¿puede prepararme la cuenta, por favor?

Could I have a call at 5 am please and an early breakfast?
¿Podría llamarme a las cinco de la mañana, por favor, y enviarme el desayuno temprano?

[1] In Spain, you may also hear the word *el lavabo* (toilet). In Latin America as a whole the word *los servicios* will be understood, but you may also hear *el baño* (literally 'bathroom') and in Mexico, *el sanitario* (toilet).

[2] In some regions of Spain and some Latin American countries the evening meal is called *la comida* (dinner). For most Spaniards, however, *la comida* is the midday meal, also known in some regions as *el almuerzo*. If you stick to *el almuerzo* for lunch and *la cena* for dinner you'll probably be understood everywhere.

Conference Activities

See also **Booking**

Can you arrange the tables in a U shape / in a square?
¿Podría arreglar las mesas en forma de U / formando un cuadrado?

We want the chairs in rows
Las sillas las queremos en hileras / Queremos que las sillas estén alineadas

We are expecting 35 people
Esperamos treinta y cinco personas

Could you give us some more paper for the flip chart please?
¿Podría darnos más papel para el tablero de hojas / el rotafolio, por favor?

Could you give us some more marker pens for the board please?
¿Podría darnos más rotuladores[1] para la pizarra, por favor?

Could we have coffee for 30 at 10.30, please?
¿Podría traer café para treinta personas a las diez de la mañana, por favor?

We asked for a VHS video player, this one is Betamax
Pedimos un video (grabador) VHS, éste es un Betamax

What time is lunch arranged for?
¿A qué hora es el almuerzo? / ¿Para qué hora está fijado el almuerzo?

[1] In Latin America you may hear the word *el plumón* instead of *el rotulador* (marker pen).

What time is the room booked until?
¿Hasta qué hora está reservada la habitación?

Do you have a typist? We would like some papers typed up urgently
¿Tienen ustedes una mecanógrafa? Necesitamos urgentemente que nos escriban a máquina unos documentos

Could we have photocopies of these documents please? We need 12 copies of each page
¿Podría fotocopiar estos documentos, por favor? Necesitamos doce copias de cada página

Is it possible to have a telephone extension in the conference room?
¿Sería posible que pusieran una extensión de teléfono en el salón de convenciones?

Do you have a courtesy car? Three of the delegates would like to get to the station
¿Tienen ustedes coche de cortesía? Tres de nuestros delegados quisieran ir a la estación

Checking Out

Can I have the bill please? I'm in room 125, the name is Schmid
¿Podría darme la cuenta, por favor? Estoy en la habitación ciento veinticinco. Me llamo Schmid

Can I pay by credit card? Which cards do you accept?
¿Puedo pagar con tarjeta de crédito? ¿Qué tarjetas aceptan?

Electrotech SA are settling the bill but I must sign
La cuenta la pagará Electrotech sociedad anónima, pero debo firmarla yo

Did you order my taxi?
¿Pidió usted un taxi para mí?

Is my taxi on the way? I asked for one at 12.00 / midday
¿Está el taxi de camino? He pedido uno para las doce / el mediodía

Problems with the Bill

What is this item?
Perdone pero ¿qué me está cobrando usted aquí?

Why is there a charge for . . .?
¿Por qué me cobran . . .? / ¿Por qué me están cobrando . . .?

Is service included?
¿Está incluido el servicio?

There were 16 people at the conference (including the organisers). You have charged for 21 lunches and 26 coffees
Había dieciséis personas en la conferencia (incluyendo a los organizadores). Ustedes han cobrado veintiún almuerzos y veintiséis desayunos

We didn't have a video player
No teníamos vídeo (grabador)

The video player didn't work, I refuse to pay for it
El vídeo no funcionó, no veo por qué tengo que pagar

I think you've overcharged, can you check the total?
Creo que nos han cobrado de más, ¿podría revisar el total, por favor?

I only had a single room
Yo tenía una habitación individual

I had a room without a shower
Yo tenía una habitación sin ducha

I didn't have any drinks from the fridge in my room
No he sacado ninguna bebida de la nevera[1] de mi habitación

This is not my bill, this is not my signature
Ésta no es mi cuenta, ésta no es mi firma

I thought parking was free
Yo pensaba que el aparcamiento era gratuito

I didn't have a newspaper every morning
No me llevaron el periódico / el diario todas las mañanas

Can I have a copy of the bill, please?
¿Podría darme una copia de la cuenta, por favor?

Complaints

I want to make a complaint
Quiero hacer una reclamación / Tengo una queja

My room is very noisy
My habitación es muy ruidosa

My television does not work
Mi televisor no funciona

My wash basin is blocked
El lavabo[2] está atascado

[1] In Latin America you are more likely to hear the words *el refrigerador* or *la refrigeradora* (fridge).

[2] 'Washbasin' is *el lavatorio* or *el lavamanos* in some parts of Latin America.

My shower only works on cold
El grifo[1] del agua fría de la ducha no funciona

I would like to change rooms, the lift wakes me up at night
Quisiera cambiarme de habitación, el ascensor no me deja dormir por la noche

My room is dirty
Mi habitación está sucia

I ordered breakfast an hour ago and it still hasn't come
He pedido el desayuno hace una hora y todavía no me lo han traído
See also **Complaints, Restaurants**

[1] *El grifo del aqua fría* is the 'cold water tap'. *El grifo* (tap) is *la llave* in many Latin American countries. In Argentina it is *la canilla*.

Introductions, presentaciones

see also Meeting

Introducing Oneself

Let me introduce myself, John Grayson, from Transmac Ltd
Permítame que me presente / Permítame presentarme, soy John Grayson, trabajo en Transmac Ltd *(formal)*

May I introduce myself, I'm responsible for marketing for Transmac Ltd, my name is John Grayson
Permítame que me presente / Permítame presentarme, soy el encargado de marketing en Transmac Ltd, me llamo John Grayson

My name is Grayson
Me llamo[1] . . . Grayson

I'm John Grayson, from Transmac Ltd
Soy John Grayson, de Transmac Ltd

Hello, my name's Grayson, I work for Transmac *(familiar)*
Hola, me llamo . . . Yo soy . . . Grayson, trabajo en Transmac

Here's my card
Aquí tiene mi tarjeta

Let me give you my address and telephone number
Permítame darle mi dirección y número de teléfono

[1] The phrase *Mi nombre es . . .* (literally 'my name is . . .') is often heard in Latin America in formal situations where Spaniards would be more likely to say *me llamo . . .* (literally 'I'm called . . .'). In formal situations people tend to say their full name (first name and surname) rather than just the surname, as you might do in English.

Making Someone's Acquaintance

I don't think we've met, have we?
Me parece que / Creo que no nos conocemos, ¿verdad?

Excuse me, I didn't catch your name
Perdone, no oí bien su nombre / Perdone, ¿cómo dijo que se llamaba?

Weren't you at the Frankfurt Trade Fair?
¿No estuvo usted en la Feria de Muestras de Frankfurt?

You're Mr Montes, aren't you?
Usted es el Sr. Montes, ¿verdad?

I think we've met before, haven't we? Isn't it Mr Montes?
Creo que nos hemos conocido antes, ¿verdad? ¿No es usted el señor Montes?

Introducing Someone to Someone Else / Being Introduced – Replies to Introductions

You must meet my colleague / our manager . . .
Permítame presentarle a mi colega / nuestro(a) gerente . . .

This is my colleague John
Este es mi colega John

Do you know Jane Grayson?
¿Conoce usted a Jane Grayson?

reply
- **I'm very pleased to meet you**
- Encantado(a) / Encantado(a) de conocerlo(a) / Mucho gusto

Let me introduce my colleagues
Permítame presentarle a mis colegas

These are the other members of the department / the other members of the team
Ellos son los otros miembros del departamento / los otros miembros del equipo / del grupo

reply
- **Pleased to meet you all**
- Encantado(a) de conocerlos

This is Mike Johnson[1], I don't believe you've met, have you?
Este es Mike Johnson, creo que no se conocen, ¿verdad?

reply
- **Pleased to meet you Mr Johnson**
- Mucho gusto, señor Johnson

reply
- **I'm very pleased to meet you Mr Johnson**
- Tengo mucho gusto en conocerlo señor Johnson *(very formal)*

reply
- **Hi there** *(familiar)*
- Hola, ¿qué tal? *(familiar)*

Ms Díaz, this is Mr Johnson
Señora Díaz, éste es el señor Johnson

reply
- **Pleased to meet you Ms / Mr**
- Encantado(a) de conocerla(o) señora/señor

[1] When introducing someone, in formal situations, Spanish speakers are much more likely to use the surname (e.g. *este es el señor Johnson*) or the whole name (e.g. *este es [el señor] Mike Johnson*) than just the Christian name, as you might do in English (e.g. 'This is Mike).

I don't think you know Jacqueline, do you?
Creo que usted no conoce a Jacqueline, ¿verdad?

reply
- **No, I don't. I'm pleased to meet you.**
- No, no nos conocemos. Mucho gusto

Have you met my colleague . . . / our marketing manager?
¿Conoce usted a mi colega . . . / a nuestro director comercial?

I believe you've already met John Proudy?
Creo que usted ya conoce a John Proudy

reply
- **Yes, I have. I'm pleased to meet you again**
- Sí, ya nos conocemos. Encantado de verlo otra vez

I believe you already know each other?
Creo que ya se conocen, ¿verdad?

reply
- **Pleased to meet you again Mr/Ms/Miss**
- Encantado(a) de verlo(a) otra vez señor/señora/señorita

May I have the pleasure of introducing our chairman to you?
(Very formal: introducing someone to an audience, for example at a conference)
Tengo placer en presentarles a nuestro presidente / Me es muy grato presentarles a nuestro presidente / Me complace presentarles a nuestro presidente
(Formal: introducing someone to one or more individuals)
Permítame / Permítanme [*plural*] presentarle(s) a nuestro presidente

reply
- **I'm very pleased to meet you**
- Encantado(a) de conocerlo(a)

I'd like you to meet our new manager
Me gustaría presentarle(s) a nuestro(a) nuevo(a) gerente

reply
- **I'm very pleased to meet you**
- Encantado(a) de conocerlo(a)

May I introduce our financial director, Sara Gray
Permítame que le presente a nuestra directora de finanzas, Sara Gray

Let me introduce Mr Bravo
Permítame presentarle al señor Bravo

Invitations, invitaciones

see also Accepting, Appointments, Meetings

Inviting Someone to a Meeting

I'm calling a meeting on 7th November and I wondered whether you would be able to come
Estoy convocando una reunión para el siete de noviembre. ¿Podrá usted asistir?

I'd be very grateful if you could come to a meeting at . . . on . . . to discuss. . .
Le agradecería mucho si puediese asistir a una reunión a las (hora) . . . el (día) . . . para discutir / hablar sobre. . .

I'm arranging a meeting to discuss . . . and I would like to ask you to come / I'd be very grateful if you would come
Estoy organizando una reunión para discutir / hablar sobre . . . y me gustaría que viniese / le agradecería mucho si usted viniese

I wondered if you would come to a meeting at our offices on 5 September?
¿Podría usted asistir a una reunión en nuestras oficinas el cinco de septiembre?

Would you like us to meet to discuss this?
¿Quiere usted que nos reunamos para discutir / hablar sobre esto?

Can I ask you to come and discuss this?
¿Podría usted venir para discutir / hablar sobre esto?

I'd like to invite you to a meeting to discuss the project
Me gustaría invitarlo(a) a una reunión para tratar del proyecto / discutir el proyecto

Could we meet to discuss this?
¿Podríamos reunirnos para discutir / hablar sobre esto?

Inviting Someone to Lunch / Dinner

Let's have a bite to eat
¿Qué tal si comemos algo?

Can I offer you lunch / dinner?
¿Desea almorzar / cenar?

How about lunch / dinner?
¿Qué tal si almorzamos / cenamos?

Would you like to have lunch / dinner on 14 May?
¿Qué le parece si almorzamos / cenamos juntos el catorce de mayo? / ¿Le gustaría que almorzáramos / cenáramos juntos el catorce de mayo?

Would you like to discuss this over lunch / dinner?
¿Qué le parece si hablamos sobre esto a la hora del almuerzo / de la cena?

Would you like to come to dinner at my house on Thursday?
¿Le gustaría venir a cenar a mi casa el jueves?

We'd be very happy if you'd have dinner with us. When would be a suitable date?
Nos encantaría que cenara con nosotros. ¿Cuándo le convendría más?

We're having a small party / dinner party on . . . We'd be very pleased if you would join us
Vamos a tener una pequeña fiesta / una cena el . . . Nos gustaría mucho que nos acompañara

Inviting Someone to Visit a Company

Have you seen our new plant / offices?
¿Ha visto usted nuestra nueva planta / fábrica / oficinas?

Would you like to come and have a look at (our new stock control system)?
¿Le gustaría echar un vistazo a (nuestro nuevo sistema de control de existencias)?

We'd like to invite you to visit our company
Nos gustaría invitarlo(a) a visitar nuestra compañía

When would you like to come?
¿Cuándo le gustaría venir?

I'd very much like to show you round. When would you like to come and visit us?
Me gustaría mucho mostrarle nuestra compañía / nuestra fábrica / nuestras oficinas. ¿Cuándo le gustaría venir?

We'd be very pleased if you would visit our new office complex
Nos gustaría mucho que visitara nuestras nuevas oficinas

We're opening our new offices / our new plant on the 23 March and we'd be very pleased if you could come for the opening and the cocktail party afterwards
Vamos a inaugurar nuestras nuevas oficinas / nuestra nueva planta / fábrica el veintitrés de marzo y nos agradaría mucho que viniese a la inauguración y al cóctel que se realizará después

Replying to Invitations

accepting

Yes, thank you very much
Sí, muchas gracias

Yes, I think that would be a good idea, when would suit you?
Sí, creo que sería una buena idea. ¿Cuándo le convendría?

Yes, I think I could manage that
Sí, creo que podría

That's very kind of you, thank you, I'd love to
Es usted muy amable, gracias, me encantaría

Yes, I'd be very interested to
Sí, me interesaría mucho

When would suit you best?
¿Cuándo le convendría más?

I'll look forward to it
Tendré mucho gusto en ir / asistir / visitarlo(a), etc

refusing

Oh, I wouldn't like to impose, but thanks all the same
No quiero molestarlo(a), muchas gracias

Thank you very much but I'm afraid I'm booked up
Muchas gracias, pero desgraciadamente tengo un compromiso

No, I'm afraid that clashes with another meeting / appointment
No, me temo que coincide con otra reunión / cita / No, desgraciadamente a esa hora / ese día tengo otra reunión / cita

No, I'm afraid I have to leave by midday
No, desgraciadamente tengo que irme antes del mediodía

I'll have left by then, perhaps another time?
A esa hora ya me habré ido / marchado. ¿Para otra vez / ocasión quizás?

It's very kind of you but I have to be back in Britain by tomorrow
Es usted muy amable, pero tengo que volver mañana a Inglaterra

I'm afraid my flight / train is at 11 am
Me temo que mi vuelo / tren sale a las once de la mañana

I really am very tired, I think I'll have to rest tonight
En realidad estoy muy cansado(a), creo que tendré que descansar esta noche

It's very kind of you but I'm afraid I'll have to refuse
Es usted muy amable, pero desgraciadamente no podré aceptar

I already have an appointment at that time
Ya tengo una cita a esa hora

Management Accounts,
contabilidad de gestión

see also Accounts, Figures

Looking at the Figures

looking at the latest set of figures

The monthly figures show . . .
La cifra mensual muestra . . .

Expenditure is 15% over target
El gasto excede lo previsto en un quince por ciento

We expected to reach 1 million but achieved . . .
Esperábamos llegar a un millón pero conseguimos . . .

A 5% increase in staff costs was projected but so far this year the increase has only been . . .
Se proyectaba un aumento de cinco por ciento en gastos de personal, pero hasta el momento este año el aumento ha sido de . . .

We were aiming to keep the overheads down to . . . but . . .
Pretendíamos mantener los gastos generales por debajo de . . . pero . . .

I see that you budgeted 9,366,000 pesetas for . . .
Veo que presupuestaban 9.366.000 pesetas para . . .

. . . but the actual cost has been . . .
. . . pero el coste real ha sido de . . .

Why is . . . above / below target?
¿A qué se debe que . . . sea más / menos de lo planeado?

The change in the market was expected to affect sales and so far the results are 10% down
Se pensaba que el cambio en las condiciones del mercado afectaría las ventas, pero hasta ahora los resultados son de un diez por ciento menos

The sales forecast was for 200 units sold / 10 new contracts in the quarter and so far the division has achieved . . .
La revisión de ventas fue de doscientas unidades vendidas / diez nuevos contratos en el trimestre y hasta ahora la sección ha conseguido . . .

Why is the revenue from . . . not as high as expected?
¿A qué se debe que las ventas[1] de . . . no hayan sido tan altas como se esperaba?

Penetration of the new sector is better / worse than expected
La penetración del nuevo sector es mejor / peor de lo que se esperaba

Do you expect an improvement in the figures during the next quarter?
¿Cree usted que mejoren las cifras durante el próximo trimetre?

The figure for . . . is worse than expected, this is due to . . .
La cifra correspondiente a . . . es peor de lo que se esperaba. Esto es debido a . . .

[1] 'Revenue' may also translate into Spanish as *los ingresos / las entradas* (income) or *las ganancias / los beneficios* (profits).

Commenting on Ratios

Fixed asset turnover is over 20%
El rendimiento bruto de la planta es superior al veinte por ciento

Long term debt is increasing
La deuda a largo plazo está aumentando

Turnover is much higher than last year but the profit margin has stayed constant / has declined
El volumen de ventas es más alto que el del año pasado, pero el margen de beneficio ha permanecido estable / ha disminuido

Return on investment is only 7%
El rendimiento de la inversión es de sólo el siete por ciento

The gross margin has declined because the cost of sales is increasing
El beneficio bruto ha disminuido debido a que el coste de ventas está aumentando

The net operating margin is 1.2% – a decline in prices would be dangerous
El margen neto de explotación es del uno coma dos por ciento. Una baja de los precios sería peligrosa

The figures should be adjusted to take account of . . .
Las cifras deberían reajustarse de manera que se considere . . .

The acid test (the quick asset ratio) shows that the company would have trouble repaying debt
La relación entre el activo disponible y el pasivo corriente / la razón del activo disponible al pasivo corriente indica que la compañía tendría dificultades en amortizar / reembolsar la deuda

Working capital was increased by selling a site in the North
Se aumentó el capital circulante vendiendo un terreno en el norte

The cash flow projection indicates a problem in November and December
La proyección del flujo de fondos apunta a un problema en noviembre y diciembre

Stock turnover is 7.2. This is quite good for the sector
El movimiento / la renovación de existencias es del siete coma dos, bastante buena para el sector

The return on sales is below target
El rendimiento de las ventas está por debajo de lo previsto

Current asset turnover is . . .
El rendimiento del activo realizable es de . . .

The current ratio is 1.1. It has declined by 0.2 compared with last year. There has been an increase in the number of creditors
El coeficiente de solvencia es de uno coma uno. Ha disminuido en cero coma dos comparado con el año pasado. Ha habido un aumento en el número de acreedores

The liquidity ratio is . . .
La razón de liquidez / el coeficiente de liquidez es de . . .

Operating costs are very high
Los costes de explotación[1] son muy altos

It would be necessary to reduce overheads
Sería necesario reducir los gastos generales

[1] In Latin America, *los costos de operación*.

Margins are lower than expected.
Los márgenes son más bajos de lo que se esperaba

The collection period is 55 days
El período de cobro es de cincuenta y cinco días

The quick asset ratio is 0.7; current assets appear healthy but stock levels are very high and I expect current liabilities to increase
La razón del activo disponible al pasivo corriente es de cero coma siete; el activo realizable parece bueno, pero los niveles de existencias son muy altos y creo que el pasivo corriente va a aumentar

Sales are on target but overheads are higher than expected
Las ventas corresponden a lo que se había previsto, pero los gastos generales son más altos de lo que se esperaba

Break Evens

When would the project reach break even?
¿Cuándo alcanzaría el proyecto el punto de equilibrio?

What does the break even analysis indicate?
¿Qué indica el análisis del punto crítico / análisis del punto de equilibrio?

I must query the figures for . . .
Tengo mis dudas acerca de las cifras correspondientes a . . .

The break even analysis shows that:
El análisis del punto crítico / el análisis del punto de equilibrio muestra que:

- **a high sales volume will be necessary for break even; can the market sustain this volume?**
- se necesitará un alto volumen de ventas para alcanzar el punto crítico; ¿podrá sostener este volumen el mercado?

- **break even will take several years; are we sure that all factors will remain constant?**
- tomará varios años el alcanzar el punto crítico; ¿qué seguridad tenemos de que todos los factores permanezcan inalterables?

- **it will take a considerable increase in activity to reach break even; can this be achieved with present staffing levels?**
- se necesitará un considerable aumento de la actividad para alcanzar el punto de equilibrio; ¿se podrá lograr esto con la plantilla actual?

Meeting Visitors, reunirse con visitantes

see also Introductions, Tours, Visits

Meeting Visitors

Hello, are you Mr Prado?
Hola buenos días / buenas tardes, ¿es usted el señor Prado?

Hello, I'm John Grayson from Transmac Ltd. Are you waiting for me?
Hola buenos días / buenas tardes, yo soy John Grayson de Transmac Ltd, usted me está esperando, ¿verdad?

Hello Ms Olmos? I'm John Grayson, from Transmac Plc, I've come to meet you
Perdone, ¿usted es la señora Olmos? Yo soy John Grayson, de Transmac Plc, he venido a buscarla

How are you?
¿Cómo está usted?

Did you have a good journey
¿Qué tal el viaje?

Is this your luggage?
¿Es éste su equipaje?

Can I carry something for you?
¿Me permite que la ayude?

Do you have any luggage?
¿Trae usted equipaje?

Have you eaten?
¿Ha comido?

Would you like something to eat before we go to my offices?
¿Desea comer algo antes de que vayamos a mi oficina?

Would you like something to drink before we start?
¿Desea beber[1] algo antes de que empecemos?

The car is over there
El coche está allí

Would you like to go to the hotel to leave your luggage?
¿Desea ir al hotel a dejar el equipaje?

Would you like to go to your hotel first? It's not far
¿Desea ir al hotel primero? No está lejos

This is your hotel. I'll pick you up in my car at 10 am
Este es el hotel. Pasaré a recogerla en el coche a las diez de la mañana

. . . at 8 pm and we'll go for dinner
. . . a las ocho de la tarde / noche para que vayamos a cenar

Replies

Oh, pleased to meet you, Mr Grayson
Encantado(a) de conocerlo, señor Grayson

[1] Latin Americans tend to use *tomar* rather than *beber* in this context, but *beber* will also be understood.

How are you?
¿Cómo está usted?

- **I'm very well, thank you**
- Muy bien, gracias

- **I'm rather tired, it was a long trip**
- Estoy un poco cansado(a), fue un viaje largo

- **The flight / train was delayed, I'm rather tired**
- El vuelo / el tren se retrasó, estoy un poco cansado(a)

- **I think I've got flu**
- Creo que tengo gripe

- **I've picked up some sort of bug**
- He cogido alguna infección

- **I feel ill, I think there was something wrong with the food on the plane / the train**
- Me siento mal, creo que la comida del avión / tren me ha caído mal

- **Is there a chemist's near?**
- ¿Hay alguna farmacia por aquí?

Is there a phone near? I have to ring my secretary
¿Hay un teléfono por aquí? Tengo que llamar a mi secretaria

Can we go to the hotel straight away / first?
¿Podemos ir al hotel inmediatamente / primero?

Can we have a snack? I haven't eaten since I left
¿Podríamos comer algo? No he comido desde que salí

Can I have a quick drink? I'm very thirsty
Quisiera beber algo primero. Tengo mucha sed

Meetings, citas, entrevistas, reuniones

see also Appointments, Negotiations, Telephoning

Arranging a Meeting

Could we meet to discuss this?
¿Podríamos reunirnos para discutir esto / hablar sobre esto?

Could we meet at . . . (place) on . . . (date) at . . . (time) to discuss . . .?
¿Podríamos reunirnos en . . . (lugar) el . . . (fecha) a las . . . (hora) para discutir esto / hablar sobre esto?

Would you be able to come to a meeting?
¿Podría venir / asistir a una reunión?

I could meet you at . . . (place) . . . on (date) . . . at (time)
¿Podría reunirme / entrevistarme con usted en . . . (lugar) el . . . (fecha), a las . . . (hora)

The meeting will be about (our advertising campaign)
En la reunión se tratará sobre (la campaña publicitaria) / El tema de la reunión será (la campaña publicitaria)

We will be meeting to discuss
Nos reuniremos para discutir / hablar de / hablar sobre . . .

What would be the most suitable date and time?
¿Cuál sería la fecha y hora más conveniente? / ¿Qué fecha y hora le convendrían?

I'll ask . . . (our production manager) to be there as well
Le pediré a nuestro(a) . . . (jefe(a) de producción) que asista / vaya también

I'd prefer to meet at . . . (place) on . . . (date)
Preferiría que nos reuniéramos en . . . (lugar) el . . . (fecha)

I will send you directions and a copy of:
Le enviaré instrucciones y una copia de:

- **the agenda / documents**
- los asuntos a tratar / el orden del día / los documentos

- **the minutes of the last meeting / of the report on the last meeting**
- el acta de la última reunión / el informe sobre la última reunión

General Questions about the Meeting

Is the meeting on . . . (date) going ahead as planned?
¿Se va a realizar la reunión del . . . (fecha) como se había proyectado / planeado?

Will this be a regular meeting?
¿Esta será una reunión ordinaria?

Who else will be there?
¿Quién más estará allí?

You meet on the first Friday of each month, don't you?
Ustedes se reúnen el primer viernes de cada mes, ¿verdad?

Could you send me a location map?
¿Podrían enviarme un plano del lugar?

Can you send me a copy of the agenda and any other documents relating to the meeting?
¿Podrían mandarme una copia del orden del día / los asuntos a tratar y todos los documentos que tengan relación con la reunión?

Arriving for a Meeting

Good morning, I've come for the meeting / I have a meeting with . . .
Buenos días, vengo a la reunión / tengo una reunión con . . .

Good morning. Ms Peña is expecting me
Buenos días. La señora Peña me espera

Hello, can you tell me where the meeting of . . . / about . . . is being held please?
Hola, buenos días / buenas tardes, ¿podría decirme dónde es la reunión de . . . / sobre . . .?
See also **Appointments, Directions, Introductions, Meeting**

Starting a Meeting

Good morning / Good afternoon / Good evening ladies and gentlemen, thank you for coming
Buenos días/Buenas tardes/Buenas noches señoras y señores (damas y caballeros, *more formal*), les agradezco su presencia

I'm pleased to see you all here
Me alegro de verlos a todos aquí

If everyone is here I'd like to start the meeting now please
Si todos están aquí, me gustaría empezar la reunión ahora mismo

Can I introduce Mr Pérez?
Permítanme que les presente al señor Pérez

I'm pleased to welcome Mr Pérez to the meeting
Me es muy grato dar la bienvenida al señor Pérez a esta reunión

Has everyone got a copy of the agenda?
¿Todos tienen una copia del orden del día / de los asuntos a tratar?

Has everyone got a copy of the report?
¿Todos tienen una copia del informe?

This meeting was called to discuss . . . / to reach a decision on . . .
Se ha convocado esta reunión para discutir / hablar sobre / llegar a una decisión sobre . . .

Informal

Can we start with the question of . . .?
¿Podríamos empezar con el problema de . . . / el asunto de . . .?

I would like to start by:
Me gustaría empezar:

- **outlining the situation**
- dando una idea general / explicando en términos generales la situación

- **giving my analysis of the report**
- haciendo un análisis del informe

- **presenting the figures for . . .**
- dando a conocer las cifras relacionadas con . . .

- **asking Mrs Rodríguez to present her analysis of the situation**
- pidiéndole a la señora Rodríguez que haga su propio análisis de la situación

Let's take the first item on the agenda
Veamos el primer punto del orden del día

Alex, would you like to say something?
Alex, ¿quiere(s)[1] decir algo?

Yes . . ., have you a point you would like to make?
Sí . . ., ¿tiene(s) algo que decir?

It seems to me that this is important. How does everyone feel about it?
Creo que esto es importante, ¿Qué piensan ustedes? (¿qué pensáis vosotros[2]?)?

My opinion is . . . What do you think?
Yo opino que . . . / creo que . . . / pienso que . . . ¿Qué piensan ustedes? (¿qué pensáis vosotros?)

Can we have everybody's opinion about . . .?
Me gustaría oír la opinión de todos sobre . . .

[1] In a meeting amongst colleagues, especially if they are of similar rank, Spanish speakers are much more likely to use the familiar form of address than the formal form. Listen to what form the rest of the people are using and, if you think it is appropriate, do likewise. In brackets, in this section, you will find the familiar form of address.

[2] *Vosotros*, and the verb forms which go with it are not used in Latin America. Instead, *ustedes* is used in both formal and informal address. In the singular, however, the distinction between *usted* (you, formal) and *tú* (you, informal) is always made.

Discussions / Debates

raising a point

I'd like to point out that . . .
Me gustaría señalar / indicar que . . .

Can I make a point here?
Quisiera decir algo al respecto

I'd like to say that . . .
Quisiera decir que . . .

I'd like to ask . . . (Mr Ibáñez)
Quisiera preguntarle . . . (al señor Ibáñez)

I'd like to have some clarification on the point raised by Ms González
Quisiera que me aclarasen (aclaráseis) lo que ha dicho / lo que ha planteado la señora González

May I raise a question here?
¿Puedo hacer una observación?

I haven't understood the point that Mr Valle made
No entiendo lo que ha planteado / lo que ha dicho el señor Valle

I'm sorry, I don't follow
Lo siento, pero no comprendo

I'd like to make a point here
Quisiera decir algo

Can I say that . . .
Quisiera decir que . . .

In my opinion . . .
Yo pienso / opino / creo / considero que / A mí me parece que . . .

Can I make a suggestion?
¿Puedo sugerir algo?

asking for further contributions

Has anyone anything to say on this?
¿Alguien tiene algo que decir sobre esto?

Do you wish to add something?
¿Quiere(s) agregar algo? / ¿Desea agregar algo? *(more formal)*

Does everyone agree?
¿Están todos de acuerdo? (¿Estáis todos de acuerdo?)

Does anyone disagree?
¿Hay alguien que no esté de acuerdo?

Would anyone like to develop that point?
¿Alguien desea decir algo sobre este punto?

Can we come back to that point later?
¿Podemos volver a ese punto después?

objections / disagreeing

That's true, but you must also agree that . . .
Es verdad, pero también debe(s) reconocer que . . .

That's partly true
Eso es verdad sólo en parte

I can't agree
No puedo aceptar eso

I can't go along with that
No estoy de acuerdo con eso

I don't think that's a fair assessment
No creo que ése sea un razonamiento / juicio justo

I don't think that takes account of . . .
Me parece que aquí no se ha tenido en cuenta . . . / no se ha tenido presente . . .

I think that we must remember / keep in mind . . .
Creo que debemos recordar / tener presente . . .

Surely we should also consider . . .?
¿Pero no deberíamos considerar también . . .?

No, I don't think that is possible
No, creo que sea posible

With all due respect . . .
Con el respeto debido . . .

agreeing

Yes, exactly
Sí, ¡exacto! / ¡Precisamente!

I accept your point
Estoy de acuerdo con usted (contigo, *familiar*)

I'd like to second that proposal
Apoyo esa idea / esa sugerencia

I agree
Estoy de acuerdo

Yes, I think that we should . . .
Sí, creo que deberíamos . . .

I'll support that
Estoy de acuerdo con eso

Yes, let's do that
Sí, hagamos eso

I think that's a fair assessment
Creo que ése es un razonamiento / un juicio justo

That seems to be the best solution
Esa parece ser la mejor solución
See also **Agreeing**

summing up

To sum up then . . .
Para resumir entonces . . .

Right, I think we are all in agreement
Bien, creo que estamos todos de acuerdo

To sum up the main points in our discussion . . .
Para resumir los puntos principales de nuestra discusión . . .

We seem to have reached agreement on the main points
Parece que hemos llegado a un acuerdo sobre los puntos principales

So, we've discussed . . . and most of us feel that . . .
Bien, hemos discutido . . . / hablado sobre . . . y la mayoría piensa que . . .

Are we all agreed?
¿Estamos todos de acuerdo?

closing the meeting

I think that's everything, does anyone want to discuss any other points?
Creo que eso es todo. ¿Alguien desea discutir algún otro punto?

Is there anything else you want to discuss now?
¿Desean (queréis, *familiar*) discutir algún otro punto?

Can I close the meeting?
¿Podemos levantar la sesión entonces?

Have we all finished?
¿Eso es todo?

I think we've covered everything now
Creo que hemos discutido / tratado todo

. . . can we just check the points we've agreed on?
. . . ¿podríamos revisar brevemente los puntos que hemos acordado?

Well, I think that's all, thank you very much for your contributions
Pues, creo que eso es todo, muchas gracias

We can consider the meeting closed
Damos por levantada la sesión

I declare the meeting closed
Se levanta la sesión

I think that was a useful discussion
Creo que fue una discusión muy útil

Thank you all for coming
Gracias por venir

Thank you for coming to the meeting Mr Salas, I think your presence has been most useful
Gracias por venir a la reunión señor Salas, creo que su presencia aquí fue muy útil / muy provechosa

leaving the meeting – actions

Well I think that's everything, thank you very much for your time
Pues, creo que eso es todo, gracias por venir *(formal)* / les agradezco su presencia *(very formal)*

I'll look at the questions you raised and let you know the answers as soon as I can
Voy a estudiar los asuntos que se han planteado y les (os, *familiar*) haré saber las respuestas en cuanto pueda

So we've agreed to . . .
Pues, hemos acordado . . .

I'll send you a copy of . . .
Les (os) enviaré una copia de . . .

I'll look forward to hearing from you soon about . . .
Espero tener pronto noticias suyas (vuestras, *familiar*) acerca de . . . / sobre . . .

I'll be in touch with you shortly
Me pondré en contacto con usted (contigo, *familiar*) dentro de poco

Well goodbye, I'll write to you about . . .
Pues, adiós / hasta luego, le (te, *familiar*) escribiré acerca de . . . / sobre . . .

Negotiations, negociaciones

see also Meetings

General – Problem Solving

opening statements

What's the problem?
¿Cuál es el problema?

What's your view of the situation?
¿Qué opina / piensa usted sobre esta situación?

I think that . . .
Creo que . . . / pienso que . . . / considero que . . . / me parece que . . .

I don't agree with you
No estoy de acuerdo con usted

I object to (offering customer discounts) because . . .
Me opongo a que (se ofrezcan descuentos a los clientes) porque . . .

I don't want to .. because . . .
No quiero . . . porque . . .

My reason for disagreeing is that . . .
La razón por la que no estoy de acuerdo es que . . .

My point of view is based on . . .
Mi opinión se basa en que . . .

Personally, I think that . . .
Creo personalmente que . . .

If we agreed to .. would that help?
Si acordáramos . . ., ¿serviría de algo?

I appreciate your problem / position
Comprendo su problema / situación

I'm sorry I can't agree with your decision
Lo siento, pero no puedo aceptar su decisión

I can see your point of view
Entiendo / comprendo su punto de vista

I understand how you feel
Entiendo / comprendo su opinión

I can't accept that. Personally I feel . . .
No estoy de acuerdo en absoluto, creo personalmente que . . .

I see the problem differently
Yo veo el problema de otro modo / de modo distinto

Our position is that we think the contract should . . .
Nuestra opinión es que el contrato debería . . .

I have to take into account . . .
Tengo que tener en cuenta que . . .

probing

What do you mean by '. . .'?
¿Qué quiere decir con '. . .'?

What do you mean when you say . . .?
¿Qué quiere decir con . . .?

How would you feel if I offered?
¿Qué diría usted si yo le ofreciera . . .?

Don't you think that it would be possible to . . .?
¿No cree usted que sería posible . . .?

Can you suggest a compromise?
¿Qué sugiere usted para que podamos llegar a un arreglo / un entendimiento?

I don't quite understand
No comprendo bien

Can you clarify your position?
¿Podría aclarar / clarificar su opinión / su postura?

Why do you want . . .?
¿Por qué quiere . . .?

Does this mean . . .?
¿Esto significa que . . .?

Do you have any evidence?
¿Tiene usted alguna prueba?

How did you get the information?
¿Cómo consiguió / obtuvo la información?

Are you sure?
¿Está seguro(a)?

I can't see how your position ties up with . . .
No veo qué relación existe entre lo que usted piensa y . . .

Before we discuss this point I'd like to be sure about your position on . . .
Antes de que discutamos este punto me gustaría saber su opinión sobre . . .

Can I just check a point you made earlier?
¿Podríamos volver sobre algo que usted dijo hace un momento / anteriormente?

So what you mean is . . .
Entonces lo que usted quiere decir es . . .

Are you sure that that is the only way?
¿Está seguro(a) de que ése es el único camino / la única manera?

I am sure that you could . . . instead
Estoy seguro(a) de que en lugar de eso usted podría . . .

An alternative would be . . .
Otra alternativa / posibilidad sería . . .

Wouldn't it be possible for you to . . .
¿No podría usted . . .?

I take it that you have no objection to my . . . (checking your information)?
Supongo que usted no tendrá ningún inconveniente en que yo . . (verifique su información)

Can I just summarise our positions as I see them?
Quisiera resumir brevemente nuestros puntos de vista, tal como yo los entiendo

probing – offers

We could agree to . . . if you were willing to . . .
Si usted está dispuesto a . . ., podríamos acordar . . .

Is there any way of changing / modifying . . .?
¿Hay algún modo de cambiar / modificar . . .?

Would it help if we offered to . . .?
¿Serviría de algo si ofreciéramos . . .?

If I agreed to . . . (modify the conditions) would you find that more acceptable?
Si yo aceptara . . (modificar las condiciones), ¿le parecería a usted más aceptable?

On my side I could .. if you could .. (find a way to . . .)
Por mi parte yo podría . . . si usted pudiera . . . (encontrar una forma de . . .)

Well then, let me suggest that . . .
Pues bien, permítame sugerir que . . .

Can I suggest . . .?
¿Puedo sugerir que . . .?

I could offer to . . .
Yo podría . . .

Are you prepared to accept?
¿Está dispuesto(a) a aceptar . . .?

Do you see my point?
¿Entiende usted lo que quiero decir?

Can I take it that you agree?
¿Está de acuerdo entonces?

You can see my position, can't you?
Usted comprende mi situación / mi postura, ¿verdad?

Can you understand my point of view?
¿Comprende usted mi punto de vista?

Do you accept that?
¿Está de acuerdo con eso?

You're right
Tiene usted razón

You have a point
Tiene usted un poco de razón

I think I can accept that
Creo que estaría de acuerdo

Let's discuss your point about
Discutamos lo que usted dijo sobre . . .

I think we've made some progress
Creo que hemos avanzado algo

Do you think that's acceptable?
¿Lo considera usted aceptable?

a solution

Good, I think we have an agreement
¡Qué bueno!, creo que hemos llegado a un acuerdo

Fine, I think we're all agreed now
Bien, creo que ahora estamos completamente de acuerdo

Let's shake hands on it
Estamos de acuerdo, entonces. Estrechemos la mano

I think we've reached a compromise
Creo que hemos llegado a un arreglo

That's acceptable
Es aceptable

I think that's fair to both sides
Creo que es favorable para ambas partes

Are you happy with that?
¿Está satisfecho(a) con eso?

So, can I just confirm that we've agreed to . . .
Entonces, ¿puedo confirmar que hemos acordado . . .?

Well, thank you very much, I'm glad we've reached an agreement
Bueno, muchas gracias, me alegro de que hayamos llegado a un acuerdo

Thank you very much for being open with me
Muchas gracias por su franqueza

I'm glad we've settled that
Me alegro de que hayamos resuelto / solucionado esto

A Brief Business Negotiation – Trying to Obtain a Contract

opening statements

I'd just like to discuss the terms of our bid
Me gustaría que discutiéramos los términos / las condiciones de nuestra oferta

If I understand the position correctly . . .
Si no me equivoco con respecto a la proposición . . .

This is the position at the moment . . .
De momento[1], ésta es la situación . . .

probing

Your present supplier is .. isn't it?
Su proveedor / abastecedor es . . . ¿verdad?

As I understand it, you . . .
Según tengo entendido, usted . . .

[1] In Latin America, *por el momento.*

Are you happy with your present supplier / the product you use at the moment?
¿Está satisfecho(a) con su proveedor actual / con el producto que usan actualmente?

How does our offer / quote / bid compare with the others you've received?
¿Qué opina usted de nuestra oferta / cotización / oferta en relación con otras que ha recibido?

Which points are you unhappy about?
¿Cuáles son los puntos que no le satisfacen?

I understand you were not happy with . . .
Tengo entendido que usted no estaba satisfecho(a) con . . .

If I could arrange:
Si yo pudiera conseguir:

- **a price reduction**
- una rebaja en el precio

- **an earlier delivery date**
- que la entrega se hiciera antes

- **staged payments**
- pagos a plazos

- **payment at 120 days instead of 60**
- que el pago se hiciera a ciento veinte días en lugar de sesenta

- **delivery (and installation) for the same price**
- que el precio incluyera la entrega (y la instalación)

. . . would you be able to place an order?
. . . ¿podrían colocar un pedido?

Shall we discuss where the offer could be modified?
¿Qué le parece que discutamos cómo se puede modificar la oferta?

I'm sure you'll agree that the price is / the terms are reasonable / attractive
Estoy seguro de que usted estará de acuerdo conmigo en que el precio es / las condiciones son razonable(s) / interesante(s)

Can I ask why the delivery date is so important?
¿Puedo preguntarle por qué es tan importante la fecha de entrega?

Are you sure you need this model rather than the one we could deliver at once?
¿Está seguro(a) de que necesita este modelo y no el otro que podemos entregar de inmediato?

Would it help if we went over the financing we proposed again?
¿Qué le parece si volvemos a revisar la financiación / el financiamiento que propusimos?

Perhaps we could reexamine the terms of payment
Tal vez podríamos volver a estudiar las condiciones de pago

You place me in a difficult position
Usted me pone en una situación difícil

My hands are tied, I'm afraid I can't change the offer any further
Tengo las manos atadas. Me temo que no puedo modificar / cambiar más la oferta

I wish I could offer a better discount but demand is very high at present
Ojalá pudiera ofrecerle un descuento más favorable, pero la demanda es muy alta actualmente

I also have to take into account . . .
También tengo que tener en cuenta . . .

I'm quite willing to look at this from another angle
Estoy dispuesto(a) a considerar esto desde otro punto de vista

Do you really need the whole order delivered at once / at the same time?
¿Está seguro de que necesita que le despachemos todo el pedido de una vez / al mismo tiempo?

Perhaps we could spread the deliveries
Tal vez podríamos hacer las entregas por etapas

I could offer .. if that would help you reach a decision
Yo podría ofrecer . . . si eso puede ayudarle a tomar una decisión

How would you feel if I proposed . . .?
¿Qué diría usted si yo propongo . . .?

agreement

Yes, that's more attractive
Sí, eso resulta más interesante

That's helpful
Eso facilita las cosas

So, taking into account your situation we are prepared to . . .
Entonces, teniendo en cuenta su situación, estamos dispuestos a . . .

We're agreed then
Estamos de acuerdo entonces

Can I just check the points we've agreed on?
Me permite que revise los puntos en que hemos convenido

I'll have the contract amended and will return it to you for signature
Haré que modifiquen el contrato y se lo enviaré para que lo firme

Would you like to sign here and I'll be able to start making arrangements straight away?
¿Quiere firmar aquí, por favor? En seguida podré empezar a hacer los preparativos

It's been a pleasure doing business with you. I look forward to receiving confirmation of the order
Ha sido un placer hacer negocios con usted. Tendré mucho gusto en recibir la confirmación del pedido

I'll let you have a summary of the points we agreed as soon as possible
En cuanto pueda le enviaré un resumen de los puntos en que hemos convenido

Thank you for being so helpful, goodbye
Gracias, ha sido usted muy amable, adiós / hasta luego

Organisation Structure,
organigrama

see also Descriptions

Describing the Structure

It's a very flat organisation
Es un organigrama muy poco jerarquizado

The company is very hierarchical
La compañía es muy jerarquizada

The board meets on the first Monday of each month
El consejo de administración se reúne el primer lunes de cada mes

There are five branches and nine departments
Hay cinco sucursales y nueve secciones

The managers of the main divisions are on the board
Los gerentes de las secciones principales están en el consejo de administración

Job Relationships

John works for . . .
John trabaja en . . .

She reports to . . .
Ella depende de . . .

He's Peter Smith's assistant
El es el ayudante / el asistente de Peter Smith

He is responsible for . . .
El es el encargado de . . .

Lillian Peters manages the PR Department
Lillian Peters es la jefa de relaciones públicas

She's part of John's team
Trabaja en el equipo / grupo de John

John is in my sales support team
John está en mi equipo / grupo de apoyo de ventas

This is Mary's PA
Esta es la secretaria de Mary

He is a budget holder
El es el encargado de presupuesto

The department is a separate cost centre
El departamento es un centro de costes independiente

He's in the (finance) department
El está en el departamento (financiero)

They work under the supervision of the production manager
Ellos son supervisados por el director / jefe de producción

I'm in the advertising department
Trabajo en el departamento de publicidad

I run the marketing department and I report to the director of commercial operations
Estoy a cargo / Soy el encargado / el jefe / el gerente del departamento de márketing[1] / departamento comercial y dependo del director / del gerente de operaciones comerciales

[1] I some parts of Latin America you may hear the word *el mercadeo* instead of *márketing*.

ORGANIGRAMA

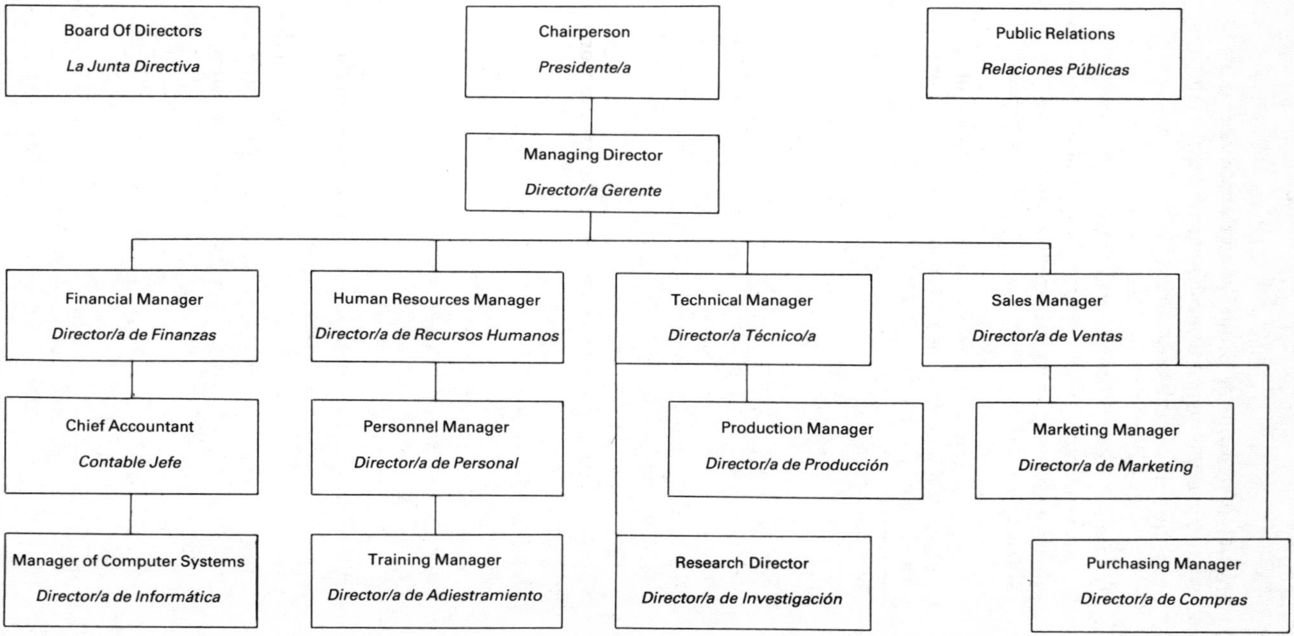
Board Of Directors
La Junta Directiva
Chairperson
Presidente/a
Public Relations
Relaciones Públicas
Managing Director
Director/a Gerente
Financial Manager
Director/a de Finanzas
Human Resources Manager
Director/a de Recursos Humanos
Technical Manager
Director/a Técnico/a
Sales Manager
Director/a de Ventas
Chief Accountant
Contable Jefe
Personnel Manager
Director/a de Personal
Production Manager
Director/a de Producción
Marketing Manager
Director/a de Marketing
Manager of Computer Systems
Director/a de Informática
Training Manager
Director/a de Adiestramiento
Research Director
Director/a de Investigación
Purchasing Manager
Director/a de Compras

Her job is to monitor progress on the major orders
Su trabajo consiste en supervisar la entrega / el despacho de los pedidos más importantes

He looks after exhibitions and marketing events
El está a cargo de / El es el encargado de las exposiciones y de las actividades relacionadas con márketing

> NB: Some companies use the word *jefe / a* instead of *director / a*, e.g. *el / la jefe / a de ventas* (sales manager), *el / la jefe / a de producción* (production manager).

Business Presentations,
presentaciones

see also Accounts, Descriptions, Meetings

Starting the Presentation

Good morning ladies and gentlemen
Señoras y señores, buenos días

Good morning everybody
Buenos días

Thank you for coming
Les agradezco su presencia aquí

I'm very pleased to be able to welcome Max . . .
Me es muy grato dar la bienvenida a Max . . .

. . . who is going to speak to us about . . .
. . . que nos va a hablar acerca de . . .

Thank you for inviting me here
Les agradezco su invitación aquí

Before I start can I just check that everyone has a copy of . . .
Antes de empezar quisiera asegurarme de que todos tienen / todo el mundo tiene una copia de . . .

Can I give everyone a copy of this document before we start?
Antes de empezar quisiera darles una copia de este documento

Has everyone a copy?
¿Todos tienen / Todo el mundo tiene una copia?

Can we start?
¿Podemos empezar?

Introducing Oneself / Credentials

Before we start let me introduce myself
Antes de empezar, permítanme presentarme

My name is . . . and I am . . . / I've come from . . .
Me llamo . . . y soy . . . / He venido de . . .

I work for . . . / I work in . . .
Trabajo para . . . / Trabajo en . . .

As you may know, I've been working on . . . (project)
Como ustedes sabrán, he estado trabajando en . . (proyecto)

I'm director of development
Soy jefe de explotación

I am responsible for . . . at . . .
Soy responsable de . . . / Soy el encargado de . . . / Estoy a cargo de . . . en . . .

I spent some time with . . . and now I'm . . .
Estuve algún tiempo en . . . y ahora estoy en . . . / trabajo en . . .

I represent . . .
Represento a . . .

The Aim of the Presentation

I have been invited here to talk about . . .
He sido invitado aquí para hablar acerca de . . . / sobre . . .

I have come here to . . .
He venido aquí para . . .

What I want to do today is to present / show / discuss / comment on . . .
Hoy quisiera presentar / mostrar / discutir / comentar . . .

I want to cover a few points in the report
Quisiera cubrir algunos puntos del informe

I would like to outline the main features of / the advantages of / the services which we can offer
Quisiera explicar en términos generales las principales características de / las ventajas de / los servicios que podemos ofrecer

I would like to explain . . .
Quisiera explicar . . .

The Plan

My presentation will cover the following points:
Mi presentación incluirá / comprenderá los siguientes puntos:

The first point I would like to cover is . . .
El primer punto al que quisiera referirme es . . .

Secondly (in the second place) I want to consider . . .
En segundo lugar quisiera examinar . . .

Then I will deal with . . .
Después me ocuparé de . . .

After that / Next . . . I will look at the problem of . . .
Luego / A continuación analizaré el problema de . . .

Finally, I want to summarise / I want to draw some conclusions from my talk
Finalmente, quisiera resumir / quisiera sacar algunas conclusiones de mi charla

Finally I want to show . . . (the way in which the system could apply to your company)
Finalmente quisiera demostrar . . . (cómo se podría aplicar este sistema a su / vuestra empresa)

If you have any questions during the presentation please stop me
Si tienen alguna pregunta que hacer durante la presentación, pueden interrumpirme si lo desean

Can I ask you to save your questions until I have finished?
¿Les importaría dejar las preguntas para el final / para cuando yo haya terminado?

The Start

To begin with . . .
Para empezar . . .

Let us start by . . . (looking at . . .)
Comencemos . . . (examinando / analizando / haciendo un análisis de . . .)

Let me remind you of the situation
Permítanme recordarles la situación

I would like to begin by making a few remarks on . . .
Quisiera comenzar haciendo algunas observaciones sobre . . .

A Report, a Plan

I have here the (figures for . . .)
Aquí tengo las (cifras correspondientes a . . .)

On the OHP I have displayed . . .
A través del retroproyector verán ustedes . . .

This slide shows . . .
Esta diapositiva muestra . . .

On the board I have written . . .
En la pizarra he escrito . . .

I'd just like to ask you to look at this video
Quisiera pedirles que vieran este vídeo

Let us look at page (6) of the report
Miremos la página (seis) del informe

The figures for . . . show (that) . . .
Las cifras relativas a . . . muestran (que) . . .
See also **Figures**

The results show . . .
Los resultados muestran . . .

I think that a number of factors contribute (have contributed) to . . .
Creo que son varios los factores que contribuyen (han contribuido) a . . .

Let us remember the facts . . .
Recordemos los hechos . . .

a product

I would like to talk about . . .
Quisiera referirme a . . . / hablar sobre . . .

We developed the machine in response to a growing demand for . . .
Hemos desarrollado esta máquina atendiendo a la creciente demanda de . . .

. . . after research into . . .
. . . luego de investigar . . .

We at Parker Plc believe that this is the best product available
En Parker Plc consideramos que éste es el mejor producto que existe actualmente

Let me illustrate what I have said by quoting some of:
Permítanme que ilustre lo que he dicho citando algunas de:

- **the specifications**
- las especificaciones

- **the performance characteristics**
- las características del funcionamiento (*machinery*) / del rendimiento (*engine*)

One of the main advantages of the system is . . .
Una de las principales ventajas del sistema es . . .
See also **Descriptions**

a service

The service offers . . .
El servicio ofrece . . .

One of the main features of our service is . . .
Una de las principales características de nuestro servicio es . . .

What could our service offer to your company? Well . . .
¿Qué podría ofrecer nuestro servicio a su / vuestra empresa? Pues . . .

Our service is based on:
Nuestro servicio está basado en:

- **careful research into customers' needs**
- un estudio cuidadoso de las necesidades de los clientes

- **good after sales support**
- un buen servicio / una buena asistencia de post-venta

- **constant liaison with the customer**
- conexión constante con el cliente

finishing part of the presentation

There are a number of interesting points to make here
Aquí hay varios puntos interesantes que señalar

I shall come back to this point later
Volveré a tratar este punto después / más tarde

I shall deal with this point in greater detail later
Luego trataré este punto más detalladamente

Are there any questions on what I have said so far?
¿Hay alguna pregunta con respecto a lo que he dicho hasta ahora / hasta el momento?

Summary and Conclusion

So to conclude I would like to say . . .
Para concluir quisiera decir . . .

I think that my analysis shows that . . .
Creo que mi análisis demuestra que / pone en claro que . . .

I hope that this presentation has shown you . . .
Espero que esta presentación haya demostrado / haya puesto en claro que . . .

To sum up I feel that . . .
Para resumir, pienso que . . .

I hope that I have shown:
Espero haber puesto en claro / demostrado:

- **the advantages we can offer**
- las ventajas que podemos ofrecer

- **the ways in which we could help you**
- las maneras / las formas en que podemos ayudarles

- **the ways in which we could work together**
- las maneras / las formas en que podemos trabajar juntos

Thank you very much for your attention
Muchas gracias por su atención

Thank you very much for your time
Muchas gracias por haberme escuchado

Once again, thank you for inviting me to speak to you
Una vez más, gracias por haberme dado la oportunidad de hablar con ustedes

Restaurants, restaurantes

see also Booking, Hotels

Arriving

Have you got a table free?
¿Tiene una mesa libre?

Have you got a table for two, please?
¿Tiene una mesa para dos, por favor?

There are 5 of us
Somos cinco

We'd like a table in a quieter part of the restaurant, please
Por favor, quisiéramos una mesa en una parte más tranquila del restaurante

Have you got a table near the window?
¿Tiene una mesa cerca de la ventana?

Can we sit over there?
¿Podemos sentarnos allí?

Are you still serving?
¿Nos puede atender todavía?

What time do you close?
¿A qué hora cierran?

My name is Grant, I phoned to reserve a table
Me llamo Grant. He llamado por teléfono para reservar una mesa

I'm dining with Mr Schuss, could you tell me if he's arrived yet?
Voy a cenar con el señor Schuss. ¿Podría decirme si ya ha llegado?

I'm meeting Mr Schuss here. Can you tell me which table he's at?
He quedado aquí con el señor Schuss. ¿Podría decirme en qué mesa está?

I'm expecting a guest, a Ms Flores
Espero a una invitada, la señora Flores

Ordering

dealing with the waiter

Waiter!
¡Camarero![1], por favor

Can we order drinks, please?
Queremos pedir algo para beber

I won't order yet
Todavía no voy a pedir

I'm waiting for somebody
Espero / Estoy esperando a alguien

Can we have the menu, please?
La carta, por favor

[1] In many parts of Latin America, the word for waiter is *el mesero*. In Chile, and Argentina he is called *el garzón*, which is not used normally in direct address. If you want to attract the waiter's attention in Latin America it will be considered more polite if you simply say *¡señor!*. If it is a waitress, say *¡señorita!* In Spain, the word *¡oiga!* (literally 'listen!') is quite often used, and this is not considered abrupt.

Can we have a drink to start with?
Quisiéramos pedir algo para beber primero

Can you tell me what this dish is please?
¿Puede decirme en qué consiste este plato, por favor?

We'll choose the dessert later
El postre lo pediremos después

Have you got a wine list?
¿Tiene una lista de vinos?

Can you put everything on my bill, please?
Ponga todo en mi cuenta, por favor

I'm staying at the hotel; this is my room number
Estoy en el hotel; aquí tiene el número de mi habitación

I'll be paying by travellers' cheques / eurocheques
Voy a pagar con cheques de viaje / eurocheques

I'll have . . . my guest will have . . .
Yo quiero / Para mí . . .; para el señor / la señora . . .

We have to leave by 2 pm. What can you serve quickly?
Tenemos que irnos antes de las dos. ¿Hay algo que pueda servir rápidamente?

Can we have coffee now, please?
¿Podría traernos café, por favor?

Do you have any notepaper?
¿Tiene papel de escribir, por favor?

Do you sell stamps?
¿Tienen sellos?

Is there a telephone I can use?
¿Tienen teléfono para el público?

Where are the toilets?
¿Dónde están los servicios?

We would like to continue our discussions after the meal; is there anywhere we can sit?
Quisiéramos continuar nuestra discusión después de comer; ¿hay algún lugar donde podamos sentarnos?

Meeting your guest

See also **Introductions, Meeting**

Hello, nice to see you, will you sit down?
Hola (buenas tardes / buenas noches), encantado(a) de verlo(a), ¡siéntese, por favor!

I'm glad you could come
Me alegro de que haya podido venir

Did you find the restaurant easily?
¿No tuvo problemas en encontrar el restaurante?

Did you manage to park easily?
¿No tuvo problemas en encontrar un lugar donde aparcar?

Hello, I'm John Grayson
Hola, buenas tardes / buenas noches, yo soy John Grayson

What will you have?
¿Qué desea tomar?

Would you like a drink to start?
¿Desea beber / tomar algo primero?

Would you like to order? Here's the menu
Aquí está la carta, ¿por qué no escoge, por favor?

I'm having . . . What do you fancy?
Yo voy a tomar[1] . . . ¿Qué prefiere usted?

I can recommend the . . .
Le recomiendo . . .

This restaurant has a reputation for . . .
Este restaurante es célebre / famoso por . . .

Do you want wine?
¿Desea beber vino?

Would you like a dessert? I'm having one
¿Desea un postre? Yo voy a pedir uno

Would you like (another) coffee (and liqueurs) to follow?
¿Quiere (otro) café (y algún licor) después?

Now shall we have a look at the proposal?
¿Qué le parece si estudiamos la propuesta ahora? / ¿Qué tal si estudiamos la propuesta ahora? *(less formal)*

Being the guest

Hello, nice to see you again
Hola (buenas tardes / buenas noches), encantado(a) de verle(a) otra vez

Pleased to meet you Mr Salinas
Encantado de conocerle señor Salinas

[1] In Spain, *tomar* (to have) may refer to either food or drink. In Latin America, it is used with reference to drinks. If you are offering someone something to eat, you would need to say *¿Qué desea comer?*

Mr Salinas? John Grayson, pleased to meet you
¿Usted es el señor Salinas? Yo soy Jack Grayson, encantado de conocerle

It's a very nice restaurant. Have you been here before?
Es un restaurante muy agradable. ¿Ha estado aquí antes?

Can you recommend anything on the menu?
¿Qué me recomienda de la lista?

Yes, I'd love a drink please
Sí, me gustaría beber / tomar algo, gracias

No, no wine for me please. Can I have a mineral water with ice?
No, yo no deseo beber / tomar vino. ¿Podría traerme un agua mineral con hielo?

Can I have a dessert?
Me gustaría tomar un postre

Could I have a black/white coffee please?
¿Podría traerme un café solo / café cortado[1], por favor?

Complaining

This is not what I ordered
Yo no he pedido esto

I can't eat this, it's cold
Perdone, pero no puedo comerme esto, está frío

[1] *Un café cortado* or *un cortado* is coffee with a dash of milk. It might also be useful to learn *un café con leche* (white coffee or coffee with milk), *un café americano* (a large black coffee), *un café exprés* (espresso coffee) and *un café tinto* (black coffee) (used in some Latin American countries).

Waiter, we ordered 40 minutes ago, how long will our meal be?
Perdone, pero hace cuarenta minutos que pedimos / encargamos la comida. ¿Cuánto va a tardar? / ¿Va a tardar mucho?

I have to catch a plane at 2.30 pm, will our order be long?
Tengo que coger / tomar un avión a las dos y media (de la tarde) – ¿tardará mucho nuestro pedido?

My guest has to be at a meeting in 30 minutes
Mi invitado tiene que estar en una reunión dentro de treinta minutos

There is no ice in my guest's drink
No ha puesto hielo en la copa de mi invitado

We are in a draught here. Can we change tables?
Hay una corriente de aire aquí. ¿Podríamos mover las mesas?

There is a mistake in the bill. We only had two drinks
Hay una equivocación en la cuenta. Sólo hemos tomado dos copas

We only had one bottle of wine
Hemos pedido sólo *una* botella de vino

We didn't have a dessert / liqueurs
No hemos pedido postre / licores

Paying

Can I have the bill please?
¿Puede traerme la cuenta, por favor? / Me trae la cuenta, por favor *(less formal)* / La cuenta, por favor *(slightly informal)*

No, let me settle it
No, permítame que yo pague / que yo lo(a) invite

No, be my guest
No, yo invito

Can you make out the bill to my company, please?
Quisiera la cuenta en nombre de mi empresa, por favor

Can I have a receipt please?
¿Puede darme un recibo, por favor? / Me da un recibo, por favor *(less formal)*

Does that include service?
¿Está incluido el servicio?

Which credit cards do you accept?
¿Qué tarjetas de crédito aceptan?

Do you accept Euroexpress cards?
¿Aceptan tarjetas Euroexpress?

Saying Goodbye

to your guest

Well, as I've said, if there's anything I can do just give me a ring
Bien, como le he dicho, si puedo hacer algo por usted puede telefonearme cuando quiera

If you need any more information don't hesitate to contact me
Si necesita más información, no deje de ponerse en contacto conmigo

I'll give you a ring as soon as I get back to my office
Le llamaré por teléfono en cuanto vuelva a mi oficina

Did I give you my card?
¿Le he dado mi tarjeta?

Goodbye, have a safe trip back
Adiós y que tenga un buen viaje

It was nice meeting you
Me alegro mucho de haberlo(la) conocido

I look forward to meeting you again
Espero que nos volvamos a ver

Well, I enjoyed our discussion
Pues, fue una discusión muy agradable

I hope you enjoyed your meal
Espero que haya disfrutado de la comida / del almuerzo / de la cena

I hope we'll meet again soon
Espero que nos volvamos a ver pronto

to your host

Thank you very much for the meal
Muchas gracias por la comida / el almuerzo / la cena

It was very worthwhile (meeting)
Mereció la pena (que nos reuniéramos)

I enjoyed that very much, thank you
Ha sido muy agradable, muchas gracias

I'll be in touch
Estaré en contacto con usted

I look forward to hearing from you soon about the project
Espero tener pronto noticias suyas acerca del proyecto

Thank you very much for your hospitality
Muchas gracias por su hospitalidad

Telephoning, llamar por teléfono, telefonear

see also Appointments, Arrangements, Booking, Hotels

Speaking to the Operator

getting a number

Hello, this is room number . . . Can you get me . . . ?
Buenos días / Buenas tardes, ésta es la habitación. . . .
Por favor, ¿me puede dar el . . .?

I'm trying to phone . . . (number) . . . (country)
No consigo comunicar con el . . . (número) de . . . (país)

Could you get me . . . (number) please?
Por favor, ¿me puede dar el . . .?

I want to place a call to . . .
Deseo llamar a . . .

I want to make a person to person call to Mr / Ms X on (number)
Quiero hacer una conferencia personal al señor / a la señora X. El número es el . . .

I want to make an international call
Deseo llamar al extranjero

I want to make a transfer charge call to England
Quisiera hacer una llamada a cobro revertido / a cargo revertido a un número de Inglaterra

Will you call me back?
¿Me llama usted?

Could you give me the number of . . . please?
¿Me puede decir el número de . . ., por favor?

What is the code for . . .?
¿Cuál es el prefijo para . . .?

Can I dial . . . direct?
¿Puedo llamar a . . . directamente?

How do I get an outside line?
¿Qué hay que hacer para obtener línea?

Giving Phone Numbers

Telephone numbers in Spanish-speaking countries are read out as pairs of figures or as single figures. For example, 446 4028 can be read: *cuatro cuatro seis cuatro cero dos ocho* or *cuatro cuarenta y seis cuarenta veintiocho*.

This also applies to dialling codes. Take, for instance, the dialling code for ringing Santiago, Chile, from London, 010 56 2. This can be read out as: *cero uno cero cinco seis dos* or *cero diez cincuenta y seis dos*.

Internal extension numbers will have three or four figures and may be read as single groups when there are three figures, and in pairs when there are four figures. 251, for example, will be read as: *doscientos cincuenta y uno*. 2517 will be read as: *veinticinco diecisiete*.

When ringing Britain from Spain you first have to dial 07 *(cero siete)* to get through to international. You then have to wait for the dialling tone before you dial 44 *(cuarenta y cuatro)* for Britain, followed by the London code, 71 *(setenta y uno)* or 81 *(ochenta y uno)*, and the relevant phone number. For example: 07 44 81 748 2412 will read as: *cero siete cuarenta y cuatro ochenta y uno siete cuarenta y ocho veinticuatro doce*.

If you are not confident about reading out a phone number the simplest solution is to give each figure separately: 3 *(tres)*, 2 *(dos)*, 8 *(ocho)*, 8 *(ocho)*, 6 *(seis)*, 1 *(uno)*, 4 *(cuatro)*.

There is more advice on reading numbers in **Figures**.

My number is . . .
Mi número es el . . .

I'm on . . .
Estoy en el número . . .

My extension is . . .
Mi extensión es la . . .

My direct line number is . . .
El número de mi línea directa es el . . .

My carphone number is . . .
El número de teléfono de mi coche es el . . .

My telephone number is . . . / my fax number is . . .
Mi número de teléfono es el . . . / mi número de fax es el . . .

It's a freephone, 0800 number
Las llamadas telefónicas son sin cargo al usuario / Se puede llamar gratuitamente

The STD code is . . .
El prefijo para conferencias interurbanas (automáticas) es el . . .

Spelling on the Telephone in Spanish

A de Antonio
[*a dey antonyo*]

B de Barcelona
[*bey dey bartheylona*]

C de Carmen
[*the dey carmen –* ***th*** *as in* ***th****ink*]

D de domingo
[*dey dey domeengo*]

E de España
[*ey dey espanya*]

F de Francia
[*efey dey franthya*]

G de Gerona
[*hey dey heyrona*]

H de Historia
[*achey dey eestorya*]

I de Italia
[*ee dey eetalya*]

J de José
[*hota dey hosey*]

K de Kilo
[*ca dey keelo*]

L de Lérida
[*eley dey leyreeda*]

Ll de Llave
[*eyey dey yavey*]

M de Madrid
[*eymey dey madreed*]

N de Navarra
[*eney dey navarra*]

Ñ de Ñando
[*enyey dey nyando*]

O de Oviedo
[*o dey ovyedo*]

P de Portugal
[*pey dey portoogal*]

Q de Queso
[*coo dey keyso*]

R de Roma
[*eyrrey dey rroma*]

S de Sevilla
[*esey dey seyveeya*]

T de Tarragona
[*tey dey tarragona*]

U de Ursula
[*oo dey oorsoola*]

V[1] de Valencia
[*oovey dey valenthya*]

W[2] de Washington
[*oovey dobley dey Washington*]

X de Xilofón
[*eykees dey seelofon*]

Y de Yegua
[*ee gryega dey yeygua*]

Z de Zaragoza
[*theyta dey tharagotha*]

[1] Sometimes called *ve corta* or *ve pequeña* in Latin America.

[2] Called *doble ve* in Latin America.

Problems

Sorry, we were cut off
Lo siento, nos han cortado la comunicación

The line is very bad – I can hardly hear you
La línea está muy mala – apenas le oigo

Can you hear me?
¿Me oye?

Could you speak a bit louder please?
Por favor, ¿podría hablar un poco más fuerte?

I'm trying to call . . . but I can't get a ringing tone
Estoy tratando de llamar a . . . pero el teléfono no suena

Can you check the number for me please?
Por favor, ¿podría ver qué pasa con ese número?

Can you check the line please?
Por favor, ¿podría ver qué pasa con esa línea?

I've been trying to ring . . ., can you tell me whether I've got the right number and code please?
Estoy tratando de comunicar con . . . Por favor, ¿podría decirme si tengo el número y el prefijo correctos?

Could you reconnect me please?
Por favor, ¿me vuelve a poner[1] con . . .?

The telephone booth is out of order
El teléfono de esta cabina (telefónica) no funciona

comprehension difficulties

Do you speak English?
¿Habla usted inglés?

[1] In Latin America, *conectar*.

What's the name?
¿Cómo se llama?

Could you repeat the name please?
Por favor, ¿podría repetir el nombre?

Can you spell the name please?
¿Podría deletrear el nombre, por favor?

With a P or a B?. With a J or a G?
¿Con [*pey*] o con [*bey*]?, ¿con [*hota*] o con [*hey*]?

Sorry, I didn't catch your name
Disculpe, no oí bien su nombre

Sorry, I didn't understand, could you repeat?
Perdone, pero no he comprendido, ¿podría repetir?

Could you speak more slowly please?
¿Podría hablar más despacio, por favor?

Can you hold on please, I'll pass you on to someone who speaks Spanish better than me
Por favor no se retire / no cuelgue, le pondré con alguien que habla español mejor que yo

Questions and Replies from the Operator / Switchboard

Number please?
¿Dígame?[1] ¿Qué número desea?

What number do you want?
¿Qué número desea? / ¿Con qué número desea comunicar?

[1] In Latin America you may hear other words instead of *¿dígame?* (hello?), e.g. *¿Aló?* (Colombia, Perú, Chile . . .), *¿hola?* (Argentina, Uruguay . . .), *¿Bueno?* (Mexico, also in parts of Colombia . . .).

I'm trying to connect you
Estoy intentando comunicar con este número

I'm sorry, there are no lines free at the moment
Lo siento, las líneas están saturadas

The line is engaged
Está comunicando[1]

I'm afraid all the lines are busy at the moment
Todas las líneas están comunicando en este momento

I'll try again later for you
Voy a intentar comunicar otra vez dentro de un rato

It's ringing for you now
Está sonando / Está llamando

Hold the line please
Por favor no se retire / no cuelgue

Will you hold?
No se retire / no cuelgue

There is no reply
No contesta

Will you still hold?
¿Quiere esperar un momento?

What number are you trying to dial please?
¿Con qué número está tratando de comunicar?

What number are you calling from?
¿Cuál es su número?

[1] In Latin America you are more likely to hear *Está ocupado* (the line is engaged or busy).

Could you repeat the number please?
Por favor, ¿podría repetir el número?

What is your extension?
¿Cuál es el número de su extensión?

You can dial that number direct
Puede marcar el número directamente

I'll give you a line, wait for the dialling tone and then dial the number
Le daré una línea, por favor espere el tono de marcar y luego marque el número

I'll try the number for you
Intentaré comunicar con ese número

Go ahead caller!
Ya puede hablar señor / señora / señorita

The number is ex-directory
Es un número privado

Check the number you want to call
Por favor verifique el número con el que desea comunicar

The number is no longer in service
Ese número está fuera de servicio

Put the receiver down (replace the receiver) and I will call you back shortly
Por favor cuelgue y le volveré a llamar dentro de un momento

The line is out of order
La línea tiene una avería

Hold the line please / will you hold caller?
Por favor no se retire / no cuelgue, señor / señora / señorita

It's still engaged
Continúa comunicando

There is no reply
No contesta

The Number Replies

Priestly Consultants, how can I help you?
Priestly Consultants, ¿dígame?

Hello, this is . . . how can I help you?
Sí, ¿dígame?

Montellano speaking
Soy Montellano

Hullo, yes? (private number)
¿Sí? / ¿dígame? / ¿diga?

recorded messages

XYZ Plc, I am sorry that there is no-one here to take your call at the moment, if you would like to leave a message please speak after the tone
XYZ Plc, siento no poder contestar su llamada en este momento, si desea dejar un mensaje, hágalo después de la señal

Please record your message after the tone and I will ring you back when I return
Por favor deje su mensaje después de la señal y le llamaré más tarde

a wrong number

Is that Mr Stuart speaking?
¿Es el señor Stuart? / ¿Con el señor Stuart?

No, I think you must have the wrong number
No, usted se ha equivocado de número

Oh I'm sorry, I think I must have misdialled
Disculpe, creo que me he equivocado de número

What number are you calling? / What number are you trying to dial?
¿Qué número desea? / ¿Qué número ha marcado usted?

Whom did you want to speak to?
¿Con quién quería hablar?

Oh he's not with us any more
El ya no trabaja aquí

She's moved to . . .
Ella se ha cambiado a . . .

She's on extension 6845 now, I'll try to transfer you
Ella está ahora en la extensión sesenta y ocho, cuarenta y cinco. Intentaré transferir la llamada

There must be a mistake
Debe de haber una equivocación

This is not the right department
Usted se ha equivocado de sección

If you'll hold on, I'll transfer you to the right person
Por favor no se retire / no cuelgue, le voy a poner con la persona que corresponde

Getting Through to Your Contact

Could I speak to Ms Baeza please?
Por favor, ¿podría hablar con la señora Baeza? / Quisiera hablar con la señora Baeza, por favor

I'd like the . . . department please
Póngame[1] con la sección . . ., por favor / La sección . . ., por favor

Could you put me through to Mr Sánchez / the . . . department / the person in charge of . . . please?
Por favor, podría ponerme con el señor Sánchez / la sección . . . / la persona encargada de / el encargado de . . .

I'm returning Ms Toledo's call. She tried to ring me a while ago
Quisiera hablar con la señora Toledo. Ella ha tratado de llamarme hace un rato

Extension 2564 please
La extensión veinticinco, sesenta y cuatro, por favor / Por favor, me puede dar la extensión veinticinco, sesenta y cuatro

The line is busy, would you like to hold?
Está comunicando, ¿quiere usted esperar?

Yes, I'll hold
Sí, esperaré

Do you still want to hold?
Todavía está comunicando. ¿Quiere esperar?

[1] *Póngame* means literally 'put me through'. In Latin America you are more likely to hear the word *comuníqueme*.

No thank you, I'll call back later
No, gracias. Llamaré / Volveré a llamar más tarde

Who shall I say is calling?
¿De parte de quién? / ¿Me puede decir quién habla?

What's it in connection with?
¿Me puede decir de qué se trata?

Hold on, I'll put you through to him / her
No cuelgue / No se retire. Le pongo con él / ella

The Person You Want is Not Available

I'm sorry, she's not in today
Lo siento, pero ella no ha venido hoy

Mr Riquelme is busy at the moment
El señor Riquelme está ocupado en este momento

He's not available
El está ocupado

He / She is in a meeting
El / Ella está en una reunión

He / She is away on business
El / Ella ha salido en viaje de negocios

He / She is on holiday / ill
El / Ella está de vacaciones / enfermo(a)

He / She is not at his / her desk
El / Ella no está en su despacho

Would you like to leave a message?
¿Quiere dejar (algún) recado?

Can I take a message?
¿Quiere que le pase un recado?

Could you ask him to ring me back?
¿Podría decirle que me llame? / ¿Quiere pedirle que me llame?

When would be a good time to ring? / to catch him?
¿A qué hora podría llamar / encontrarle?

Starting a Conversation

I'm phoning from London
Llamo desde Londres

I'm ringing on behalf of . . .
Llamo de parte de . . .

Mr Brown asked me to ring you
El señor Brown me ha pedido que le llame

Mr Brown suggested that I ring you
El señor Brown ha sugerido que le llame

I'm taking the liberty of phoning you about
Me he tomado la libertad de llamarle para hablar sobre . . .

I'm ringing in connection with . . .
Le llamo a propósito de . . .

My name is . . . I don't know if you remember, we met last week
Me llamo . . . No se si usted recuerda, nos conocimos la semana pasada

I was given your number by Mr Aguirre
El señor Aguirre me ha dado su número

Mrs Contreras advised me to contact you
La señora Contreras me aconsejó que me pusiera en contacto con usted

I've been told you are the right person to contact
Me han dicho que usted es la persona más indicada con quien contactar

Perhaps you could help me
Tal vez usted pueda ayudarme . . .

I hope I'm not disturbing you
Espero no molestarle

I'm sorry to disturb you
Perdone usted la molestia / Perdone que le moleste

I hope it's not too late
Espero que no sea demasiado tarde

I've received your letter about . . .
He recibido su carta con relación a . . .

We spoke on the telephone yesterday
Ayer hablamos por teléfono

The Object of the Call

making or cancelling an appointment

I'd like to make an appointment with Mr . . .
Quisiera ver al señor . . . / Quisiera entrevistarme con el señor . . . / Quisiera concertar una cita con . . . *(more formal)*

I have an appointment with Ms . . . at 3 pm and I won't be able to be there then
Tengo una cita con la señorita . . . a las tres de la tarde y no podré estar allí a esa hora

I'm calling to cancel the appointment for 11 am today
Llamo para cancelar la cita que tengo para hoy a las once de la mañana
See also **Appointments**

booking

I'd like to book a room, please
Quisiera reservar una habitación, por favor

I'd like to reserve a table for six people for tomorrow evening please, in the name of Robert Peters
Por favor, quisiera reservar una mesa para seis personas para mañana por la noche, en nombre de Robert Peters

I'd like a taxi at 3 pm please, it's to go to . . .
Quisiera un taxi para las tres de la tarde, por favor. Es para ir a . . .
See also **Booking, Hotels**

Enquiries

What time do you close?
¿A qué hora cierran?

Are you open on Saturdays?
¿Abren los sábados?

Is it still possible to reserve a seat for . . .?
¿Todavía se puede reservar entradas para . . .?
See also **Booking**

Some Useful Words During the Conversation

Certainly
Desde luego / Por supuesto / Naturalmente

All right / OK
Está bien

Yes
Sí

Yes, I've made a note of it
Sí, he tomado nota

Sorry, I didn't catch that
Perdone, ¿cómo dijo?

Perhaps
Quizá(s) / Tal vez

It's possible
Es posible

Exactly
Exacto / Eso es

Agreed / understood
De acuerdo / comprendido

I understand
Sí, comprendo

I certainly think so
Por supuesto

Possibly
Posiblemente

Ending the Conversation

I think that's everything, thank you very much
Creo que eso es todo, muchas gracias

So, I'll meet you on the . . . at . . .
Entonces, le veré el . . . a las . . .

Fine
Bien / De acuerdo

All right
(Está) bien

So we're saying . . .
Bien, entonces . . .

Thank you very much for your help
Muchas gracias por su ayuda

Thank you very much for the information
Muchas gracias por la información

Thank you for calling
Gracias por llamar

Until next Monday then
Hasta el lunes, entonces

That's it, goodbye Ms . . .
Eso es todo, hasta luego, señora / señorita . . .

Tours, visitas

see also Descriptions, Directions, Meetings

Meeting the Visitors

Good morning / Good afternoon, welcome to Grafton Plc
Buenos días / Buenas tardes, bienvenidos a Grafton Plc

My name is Patricia Sutton, I am a manager with the company / I am responsible for public relations
Me llamo Patricia Sutton, soy gerente de la compañía / soy la encargada de relaciones públicas

I will be showing you our office complex / plant
Les enseñaré / mostraré nuestras oficinas / nuestra planta / nuestra fábrica

First of all let me tell you a little about our company
Primero quisiera darles alguna información acerca de nuestra empresa

Grafton Plc was founded in 1956
Grafton Plc se fundó en mil novecientos cincuenta y seis

. . . and was a maker of . . .
. . . y fabricaba . . .

. . . and was active in . . .
. . . y se dedicaba a . . .

The company grew and moved into . . . / was taken over by . . . / moved to this site in 19—
La compañía creció y se trasladó a . . . / y fue adquirida *or* comprada por . . . / se trasladó a este sitio en 19—

Now we are a leading manufacturer of . . . / a leading supplier of . . .
Ahora somos uno de los principales fabricantes de . . . / uno de los proveedores líderes de . . .

Let me give you a copy of this folder which summarises our activities and corporate philosophy
Permítanme que les dé esta carpeta donde encontrarán un resumen de nuestras actividades y de la filosofía de nuestra empresa
See also **Descriptions**

An Overview of the Site

If you'd come this way please
Por aquí, por favor

This plan shows the layout of the site
Este plano muestra la disposición de las instalaciones

On this model you can see the main parts of the complex
En esta maqueta podrán ver las principales partes del recinto

This is the . . . building and this is the main production area
Éste es el edificio de . . . y éste es el principal sector de producción

Most of the production takes place here, materials are stored here and the finished product is stored over here until despatch
La mayor parte de la producción se realiza aquí, aquí se almacenan también los materiales y el producto acabado hasta el momento en que se despacha

Raw materials / sub components come in here, assembly takes place here
Aquí llegan las materias primas / los componentes secundarios; el montaje también se realiza aquí

Finished items are stored here and despatched by lorry
Los productos acabados se almacenan aquí y se despachan en camiones

Our quality circle meets every Friday morning
Nuestro grupo encargado de control de calidad se reúne todos los viernes por la mañana

The main office is here, the heart of the computer system is here, but of course data is backed up and stored in other locations
La oficina principal está aquí y éste es el centro de nuestro sistema computacional, pero naturalmente hacemos copias de seguridad que guardamos en otros sitios

The tall building is . . . The other buildings house . . .
El edificio alto corresponde a . . . En los otros edificios se encuentran . . .

The large tanks are used for . . .
Estos grandes depósitos se usan para . . .

We are proud of . . .
Estamos orgullosos de . . .

It's an open plan system with a central meeting area and separate rooms for board meetings and meetings with clients
Es un sistema de oficinas de planta abierta con un sector central para reuniones y salas separadas para reuniones del consejo de administración y reuniones con los clientes

The Tour

Now, if you'd follow me please, I'll take you to the . . . building
Pues, si me siguen, por favor, les llevaré al edificio de . . .

This is the . . . building, this is where . . . (the . . . process) takes place
Este es el edificio de . . ., aquí se realiza . . . (el proceso de . . .)

Now we're in the . . . On your right you can see . . . On your left there is . . .
Ahora estamos en . . . A la derecha pueden ver . . . A la izquierda hay . . .

In front of us we have, and behind there is . . .
Enfrente de nosotros tenemos . . . y detrás hay . . .

Now, if we go over here I will be able to show you . . .
Bien, si pasamos por aquí podré enseñarles / mostrarles . . .

Would you like to follow me . . .?
Por favor, síganme

This is the first floor where we process data from . . .
Este es el primer piso, que es donde tratamos / manejamos datos de . . .
See also **Computers**

The suite of rooms at the end of the corridor is used mainly for training and is equipped with the most advanced systems of computer based training
Esa serie de salas que están al final del pasillo se usan principalmente para capacitación y están dotadas de los más avanzados sistemas para enseñanza asistida por ordenador

This is where we assess market intelligence
Allí es donde se analiza la información relativa al mercado

This is the board room
Esta es la sala de juntas

Now if we go this way, I think there will be a drink for you
Ahora pasemos por aquí, por favor, vamos a tomar algo

Thank you for coming, I hope you have found your visit interesting
Muchas gracias por su visita, espero que haya sido de interés para ustedes

If there is any other information you would like about us, don't hesitate to contact me, Patricia Sutton. Here is my card
Si desean cualquiera otra información sobre nuestra empresa, pónganse en contacto conmigo; ya saben mi nombre, me llamo Patricia Sutton, aquí está mi tarjeta

Travel, viajes

see also Booking, Directions, Hotels

Public Transport

Can you tell me if there is a flight for . . .?
¿Podría decirme si hay un vuelo para . . .?

Can you tell me when the next train for . . . / flight for . . . leaves?
¿Podría decirme a qué hora sale el próximo tren para . . . / vuelo para . . .?

I want to reserve a seat on the 17.06 train to . . . please
Por favor, quisiera hacer una reserva para el tren de las diecisiete cero seis a . . .

Do I have to change?
¿Hay que hacer transbordo?

Is there a connection for. . . ?
¿Hay correspondencia / enlace para . . .?

Is there a connecting flight for . . .?
¿Hay algún vuelo de enlace para . . .?

When do I have to check in my bags for the flight for . . .?
¿A qué hora tengo que facturar mis maletas / mi equipaje para el vuelo a . . .?

How often are the flights / trains / ferries to . . .?
¿Con qué frecuencia hay vuelos / trenes / transbordadores / ferrys a . . .?

Non smoker please
No fumador, por favor

I'd like a first class ticket / a second class ticket
Quisiera un billete[1] de primera clase / de segunda clase

Which terminal does the flight for . . . leave from?
¿De qué terminal sale el vuelo para . . .?

. . . it's the Delta Airways flight to . . .
. . . es el vuelo de Delta Airways a . . .

Can I reserve a seat for . . .?
Quisiera reservar una plaza para . . .

Can I have a single for . . .?
Quiero un billete de ida a / para . . .

I would like a return to . . . please
Quiero un billete de ida y vuelta a / para . . ., por favor

Which platform does the train for . . . leave from?
¿De qué andén sale el tren para . . .?

What's the best way to get from the station to the centre of town?
¿Cuál es la mejor manera de ir desde la estación al centro de la ciudad?

Is there a shuttle service to town / to the terminal?
¿Hay algún servicio regular (de autobuses / trenes) a la ciudad / a la terminal?[2]

How long does the journey / the flight take?
¿Cuánto tiempo tarda el viaje / el vuelo?

What time should we arrive at . . . (the destination)?
¿A qué hora llegamos a . . . (el destino)?

[1] In Latin America *un boleto.*

[2] In some parts of Latin America the word for 'terminal' is masculine, *el terminal.*

Car Hire

I want to hire a car to go to . . .
Quisiera alquilar un coche para ir a . . .

Where can I hire a car to go to . . .?
¿Dónde puedo alquilar un coche para ir a . . .?

It'll be a one-way hire, I want to leave the car at . . .
Lo quiero para la ida solamente, quisiera dejar el coche en . . .

I want to leave the car at . . . (station / airport / hotel)
Quisiera dejar el coche en . . . (la estación / el aeropuerto / el hotel)

Where can I leave the car?
¿Dónde puedo dejar el coche?

I will be returning the car on the 17 October
Devolveré el coche el diecisiete de octubre

Is that the rate for unlimited mileage?
¿Es ésa la tarifa con kilometraje ilimitado?

Is there an extra charge for mileage?
¿Se cobra extra por kilometraje?

What makes of car do you have available?
¿Qué marcas de coches tiene?

I want an estate car / an automatic
Quiero una furgoneta / un coche automático

I don't want a diesel car
No quiero un coche con motor diesel

Problems

Is the train / flight late?
¿Viene con retraso el tren / el vuelo?

Is there a delay on flights to . . .?
¿Los vuelos a . . . están saliendo con retraso?

Why is there a delay?
¿A qué se debe el retraso?

I've lost my ticket
He perdido mi billete

I didn't use this ticket and I would like to . . .
No he usado este billete y quisiera . . .

My flight / ferry / train to . . . has been cancelled. When is the next one?
Mi vuelo / ferry / tren a . . . ha sido suspendido. ¿A qué hora / cuándo es el próximo?

Is this where we change for . . .?
¿Es aquí donde se hace transbordo para . . .?

I've missed my connection to . . . Can you tell me when the next one leaves please?
He perdido mi enlace para . . . ¿Podría decirme a qué hora sale el próximo?

My flight has been cancelled. Can you reserve a seat on the next flight available please?
My vuelo ha sido suspendido. Por favor, ¿podría reservarme una plaza en el próximo vuelo que haya?

. . . can you book me into a hotel / can you recommend a hotel for the night?
. . . ¿podría hacerme una reserva de hotel / podría recomendarme un hotel para esta noche?

I asked for a seat in the smokers' section
Pedí un asiento en la sección de fumadores

I'd booked this seat
Yo había reservado este asiento

I have a reservation
Tengo una reserva

Some of my luggage is missing
Se ha perdido parte de mi equipaje

I think I'm on the wrong train. Can you help me?
Creo que me he equivocado de tren, ¿podría ayudarme, por favor?

My name is . . ., I hired a car from you, its registration number is . . .
My llamo . . . Alquilé uno de sus coches, el número de matrícula es el . . .
See also **Figures**

The car I hired from you has been involved in an accident
Alquilé uno de sus coches y he tenido un accidente

The car I hired from you has been stolen
Alquilé uno de sus coches y me lo han robado

I have informed the police at . . .
He denunciado el robo a la policía en . . .

It has broken down at . . .
Ha tenido una avería / se ha averiado en . . .
See also **Accidents**

NOTES

NOTES

NOTES

NOTES

NOTES

NOTES

N O T E S